Impressum
Verlag: BABADADA GmbH, Nedderfeld 112 , 22529 Hamburg
Geschäftsführer / Verlagsleitung: Harald Hof
Druck: Books on Demand GmbH, In de Tarpen 42, 22848 Norderstedt

Imprint
Publisher: BABADADA GmbH, Nedderfeld 112 , 22529 Hamburg, Germany
Managing Director / Publishing direction: Harald Hof
Print: Books on Demand GmbH, In de Tarpen 42, 22848 Norderstedt

school

སློབ་གྲྭ

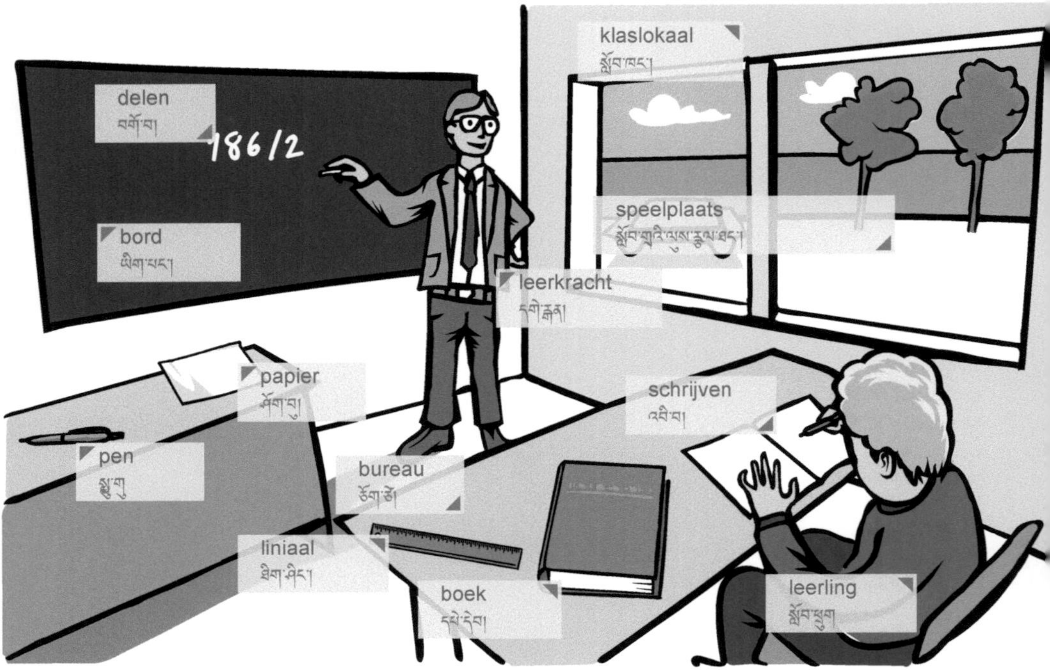

klaslokaal
སློབ་ཁང་།
delen
བགོ་བ།
186/2
bord
ཡིག་པང་།
speelplaats
སློབ་གྲྭའི་ལུས་རྩལ་ཐང་།
leerkracht
དགེ་རྒན།
papier
ཤོག་བུ།
schrijven
འབྲི་བ།
pen
སྨྱུ་གུ
bureau
ཅོག་ཙེ།
liniaal
ཐིག་ཤིང་།
boek
དཔེ་དེབ།
leerling
སློབ་ཕྲུག

schooltas

དཔེ་ཁུག

pennenzak

སྨྱུག་སྒམ།

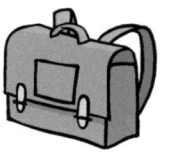

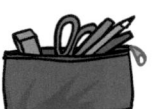

potlood

ཞ་སྨྱུག

puntenslijper

གཞོག་གྲི།

gom

འབྲིག་གསུབ།

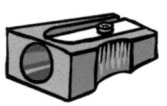

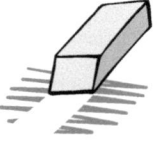

tekenblok

འབྲི་པང་།

tekening

 རི་མོ།

verfborstel

ཚོན་པིར།

verfdoos

ཚེ་སྣོད།

schaar

ཇེམ་ཚེ།

lijm

འབྱར་སྤྱི།

werkboek

སྦྱོང་བརྡར་སློབ་དེབ།

huiswerk

ནང་སློབ།

nummer

ཨང་གྲངས།

optellen

སྣོན་པ།

aftrekken

འཐེན་པ།

vermenigvuldigen

སྒྱུར་བ།

rekenen

རྩིས་རྒྱག་པ།

letter

ཡི་གེ

alfabet

ཀ་ཁ་

woord

ཚིག

tekst

ཡིག་གཞི།

Lezen

སློག་པ།

krijt

ས་སྨྱུག

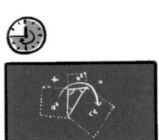

les

སློབ་ཚན།

klassenboek

དེབ་གཞུང་།

examen

ཡིག་ཚོད།

certificaat

ལག་ཁྱེར།

schooluniform

སློབ་གོས།

onderwijs

སློབ་གསོ།

encyclopedie

ཤེས་བྱ་ཀུན་བཏུས་དེབ་ཕྲེང་།

universiteit

སློབ་གྲྭ་ཆེན་མོ།

microscoop

ཕྲ་མཐོང་ཆེ་ཤེལ།

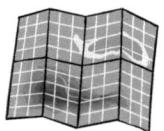

kaart

ས་ཁྲ།

papiermand

གད་སྙིགས་གློས་སྣོད།

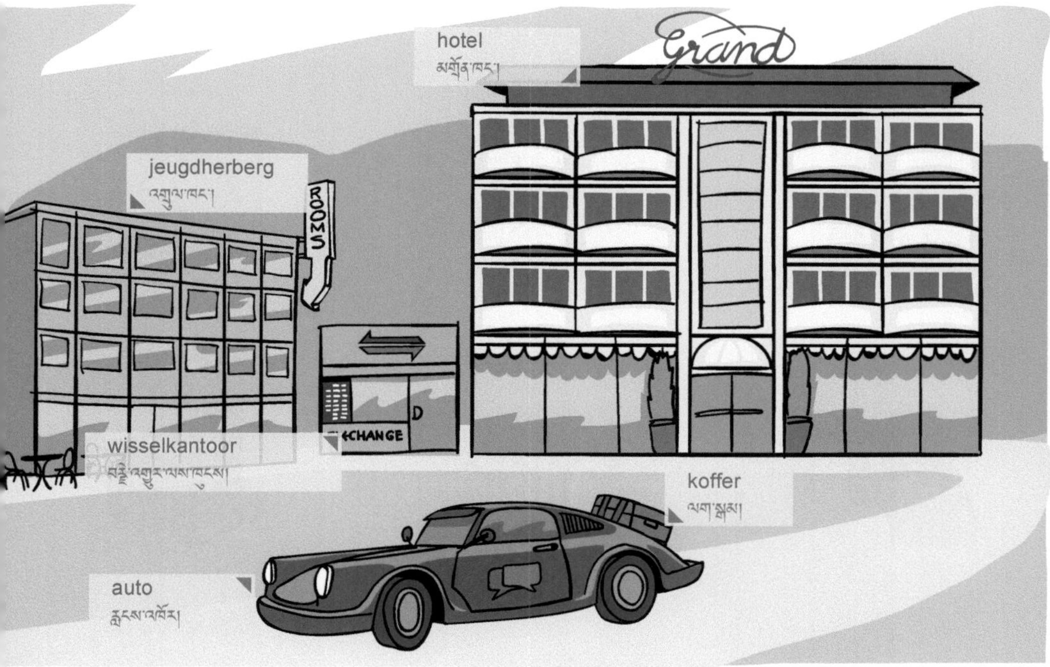

hotel
མགྲོན་ཁང་།

jeugdherberg
འགུལ་ཁང་།

ROOMS

wisselkantoor
དངུལ་བརྗེ་ལས་ཁུངས།

EXCHANGE

koffer
ལག་སྒྲོམ།

auto
རླངས་འཁོར།

Taal
སྐད་རིགས།

ja / nee
རེད། མ་རེད།

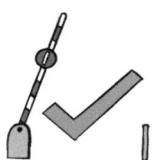

oké
ལགས་སོ།

hallo
ཁམས་བཟང་།

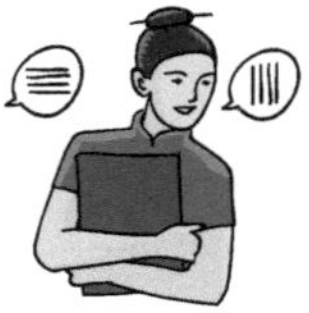

vertaler
ཡིག་སྒྱུར་བ།

bedankt
ཐུགས་རྗེ་ཆེ།

Hoeveel kost …?

ག་ཚོད་རེད།

Ik begrijp het niet

དགོ་མ་སོང་།

probleem

དཀའ་ངལ།

Goedenavond!

དགོང་མོ་བདེ་ལེགས།

Goedemorgen!

ཞུ་པོ་བདེ་ལེགས།

Goedenavond!

མཚན་མོ་བདེ་ལེགས།

Tot ziens

ག་ལེར་ཕེབས།

richting

ཁ་ཕྱོགས།

bagage

ཅ་ལག།

zak

ཁུག་མ།

rugzak

རྒྱབ་ཁུག

gast

མགྲོན་པོ།

kamer

ཁང་མིག

slaapzak

ཉལ་ཁུག

tent

གུར།

toeristeninformatie

རྒྱལ་སྤྱོར་ཁ་ཆ་འབྲིན།

strand

མཚོ་འགྲམ་འབའི་གྱལ་ཐང་།

kredietkaart

ཕྱིད་རྩོན་བྱུང་བུ།

ontbijt

ཞོགས་ཟས།

lunch

དགུངས་ཚོ།

avondeten

ནུབ་ཚོ།

ticket

པ་སེ།

lift

སྒྲོག་སྐས།

postzegel

ཕྱེལ་ཚོ།

grens

མཐའ་མཚམས།

douane

སྒོ་ཁྲལ།

ambassade

གཞུང་ཚབ་ཆེན་མོའི་ལས་ཁངས།

visum

མཆན་བཀོད་ལག་ཁྱེར།

paspoort

ལག་འཁྱེར།

transport

སྐྱེལ་འདྲེན་བྱེད་པ།

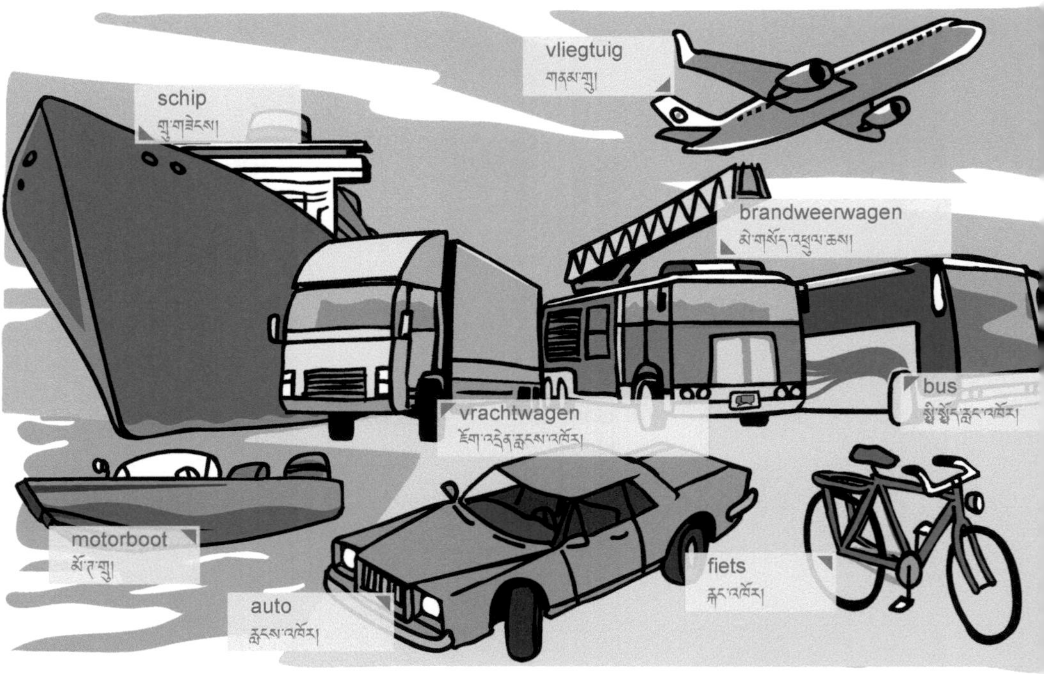
vliegtuig
གནམ་གྲུ།
schip
གྲུ་གཟིངས།
brandweerwagen
མེ་གསོད་འཁྲུལ་ཆས།
bus
སྤྱི་སྤྱོད་རླངས་འཁོར།
vrachtwagen
ཏོག་འདྲེན་རླངས་འཁོར།
motorboot
མོ་ཏ་གྲུ།
fiets
རྐང་འཁོར།
auto
རླངས་འཁོར།

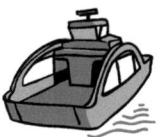

veerboot

ཀོ་བ།

boot

གྲུ།

motor

འཁྲུལ་རྟ།

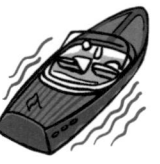

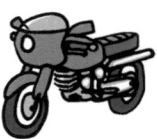

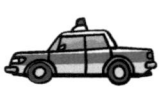

politiewagen

བདེ་སྲུང་སྐམ་འཁོར།

racewagen

རླངས་འཁོར་འགྲན་བསྡུར།

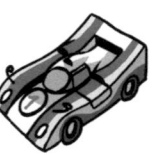

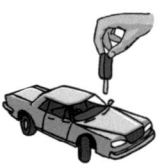

huurauto

གླ་འབབ་རླངས་འཁོར།

carpoolen

རྣམས་འཁོར་པགོ་འགྱེམས་བྱེད་པ།

sleepwagen

འདུད་འཁོར་ཆག་སྐྱེན།

vuilniswagen

འདུད་འཁོར།

motor

མོ་ཊ།

benzine

དུད་ཤིད།

benzinestation

རྡོ་སྣུམ་ས་ཚིགས།

verkeersbord

འགྲིམ་འགྲུལ་གྱི་མཚོན་ཚགས།

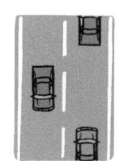

verkeer

འགྲིམ་འགྲུལ།

file

འགྲིམ་འགྲུལ་འགགས་པ།

parkeerplaats

རྣམས་འཁོར་འཇོག་པ།

station

མེ་འཁོར་འབབ་ཚིགས།

sporen

ལམ་ཚད།

trein

མེ་འཁོར།

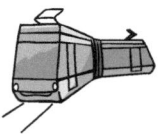

tram

གློག་སྣུལ་སྦི་སྦྱོད་ཀྱི་འཁོར་ལམ།

wagon

ཤིང་རྟ་འཁོར་ལོ།

helikopter

ཐད་འཕུར་གནམ་གྲུ།

luchthaven

གནམ་གྲུ་ས་ཚིགས།

toren

ལྟོག་ལྟོག་མ་ལྷ་ར།

passagier

འགྲུལ་པ།

container

སྒྲོང་ཚོམ།

karton

ཤོག་སྒམ།

kar

ཤིང་རྒྱ།

mand

གཟེད་མ།

opstijgen / landen

མ་ཚོང་བ།

stad
གྲོང་ཁྱེར།

dorp

སྡེ་བ།

stadscentrum

གྲོང་ཁྱེར་གྱི་ལྟེ་བ།

huis

ཁང་པ།

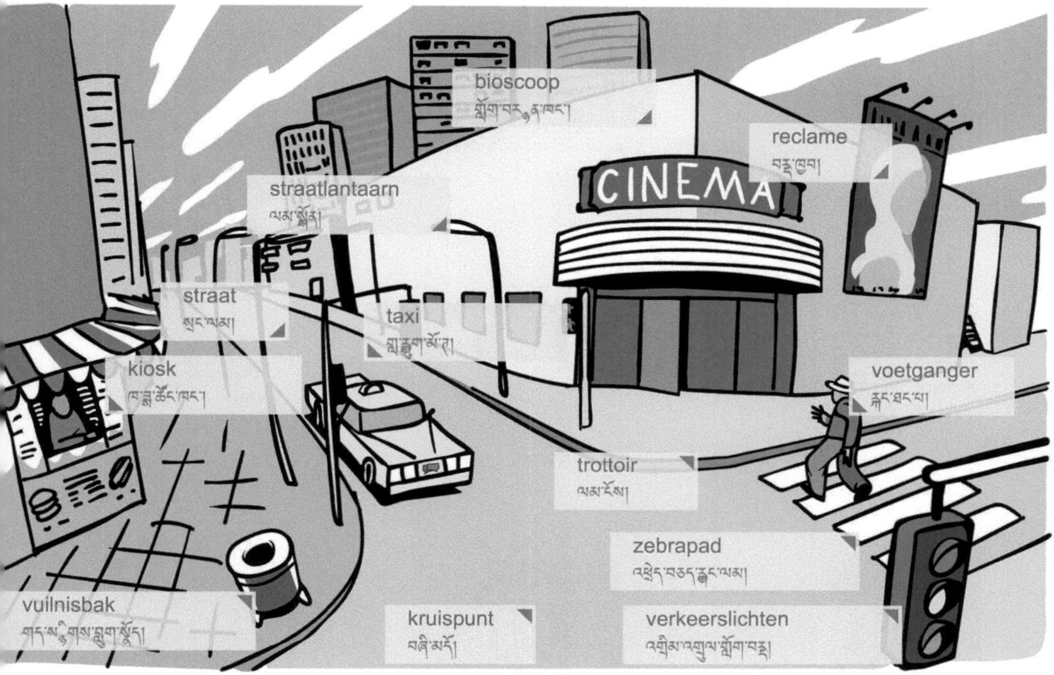
bioscoop
གློག་བརྙན་ཁང་།
reclame
བརྡ་ཁྱབ།
CINEMA
straatlantaarn
ལམ་སྒྲོན།
straat
སྲང་ལམ།
taxi
གླ་རྒྱུག་མོ་ཊ།
kiosk
ཁ་ཟླ་ཚོང་ཁང་།
voetganger
རྐང་ཐང་པ།
trottoir
ལམ་ངོས།
zebrapad
འཕྲེད་བཅད་རྐང་ལམ།
vuilnisbak
གད་སྙིགས་བླུག་སྣོད།
kruispunt
བཞི་མདོ།
verkeerslichten
འགྲིམ་འགྲུལ་གློག་བརྡ།

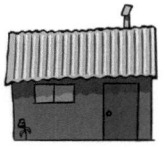

hut

ཁང་ཆུང་།

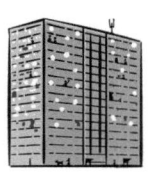

woning

ཁང་པ།

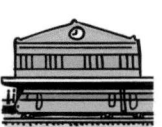

station

མེ་འཁོར་འབབ་ཚུགས།

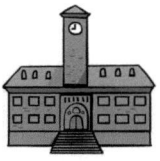

stadshuis

གྲོང་སྡེའི་ཚོགས་ཁང་།

MUSEUM

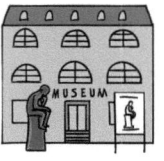

museum

འགྲེམས་སྟོན་ཁང་།

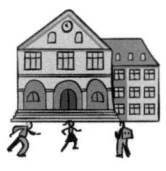

school

སློབ་གྲྭ།

universiteit

སློབ་གྲྭ་ཆེན་མོ།

bank

དངུལ་ཁང་།

ziekenhuis

སྨན་ཁང་།

hotel

མགྲོན་ཁང་།

apotheek

སྨན་སྦྱོར་ཁང་།

kantoor

ལས་ཁུངས།

boekwinkel

དཔེ་ཁང་།

winkel

ཚོང་ཁང་།

bloemenwinkel

མེ་ཏོག་ཚོང་མཁན།

supermarkt

སྣ་ཚོགས་ཁྲོམ་ར།

markt

ཁྲོམ་ར།

warenhuis

སྤྱི་ཚན་ཚོང་ཁང་།

vishandelaar

ཉ་ཚོང་མཁན།

winkelcentrum

ཚོང་ཁང་ལྟེ་གནས།

haven

གྲུ་ཁ།

park

སྐྱེད་ཚལ།

bank

རྒྱབ་རྟེན་ཉལ་ཁྲི།

brug

ཟམ་པ།

trap

ཐེམ་སྐས།

metro

ས་འོག་གི།

tunnel

རི་སྦུག་ལུགས་ལམ།

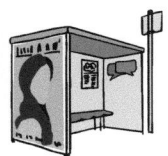

bushalte

རྒྱུད་འཁོར་འབབ་བས་ཚིགས།

bar

ཆང་ཁང་།

restaurant

ཟ་ཁང་།

brievenbus

ཡིག་སྒྲོམ།

straatnaambord

ལམ་གྱི་མཚོན་རྟགས།

parkeermeter

འཇོག་ག་ར་རེའི་རིན་འཇལ་མིག

zoo

གཅན་གཟིག་ཁང་།

zwembad

རྒྱལ་ཁྲིང་།

moskee

ཁ་ཆེའི་ལྷ་ཁང་།

boerderij

ཞིང་ར།

milieuverontreiniging

འབགས་བཙོག

kerkhof

དུར་ས།

kerk

ལྷ་ཁང་།

speelplaats

རྩེད་ཐང་།

tempel

ལྷ་ཁང་།

landschap

ཡུལ་ལྗོངས།

blad
ལོ་མ།

wegwijzer
ལམ་རྟགས།

weg
ལམ།

weide
སྔོ་ལྗོངས།

steen
རྡོ།

boom
ཤིང་སྡོང་།

wandelaar
རྐང་ཐང་ཡུལ་སྐོར་བ།

rivier
ཆུ་བོ།

gras
རྩྭ།

bloem
མེ་ཏོག

vallei

གྲུང་།

heuvel

རི་བོ།

meer

མཚོ།

bos

ནགས་ཚལ།

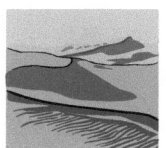

woestijn

བྱེ་ཐང་

vulkaan

མེ་རི།

kasteel

ཕ་བྲང་།

regenboog

འཇའ་ཚོན།

paddenstoel

ཤ་མོ།

palmboom

ཏ་ལའི་ཤིང་།

mug

དུག་སྦྲང་།

vlieg

སྦྲང་བུ།

mier

གྲོག་མ།

bijl

བུང་སྦྲང་།

spin

སྡོམ།

kever

སྦུར་ནག

kikker

སྦྱལ་པ།

eekhoorn

ཐང་སི།

egel

རྩུང་མོ།

haas

རི་བོང་།

uil

འུག་པ།

vogel

བྱ།

zwaan

ངང་དཀར།

wild zwijn

ཕག་ཞན།

hert

ཤ་བ།

eland

རྟ་མོང་ཤྭ་བ།

dam

ཆུ་རགས།

windturbine

རླུང་གི་འཕྲུལ་ཆས།

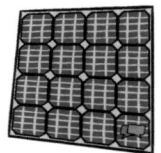

zonnepaneel

ཉི་མའི་བཞུགས་མོལ་ཚོགས་ཆུང་།

klimaat

ནམ་ཟླ།

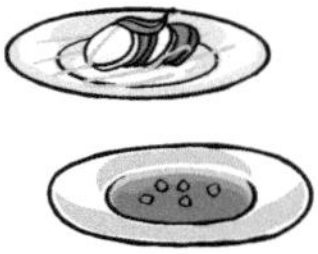

ober
ཞབས་ཞུ་བ།

menu
ཚོད་ཡིག

stoel
ཀུབ་ཀྱག

soep
ཐང་།

pizza
ཕི་ཚ།

bestek
གྲི་རི་སོགས།

tafelkleed
སྟོག་རས།

voorgerecht

ཟ་མ་དང་པོ།

hoofdgerecht

གཙོ་ཆོས།

nagerecht

མཇུག་ཟས།

drankjes

འཐུང་བ།

eten

ཁ་ལག

fles

ཤེལ་དམ།

fastfood

མགྱོགས་ཟས།

street food

སྲང་གི་ཟས་ཞིམ།

theepot

ཇ་དཀུ།

suikerpot

བདེར་ཕོར།

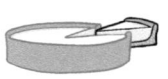

portie

དུམ་བུ།

espressomachine

ཇེག་རྟ་འཕྱུལ་ཆས།

kinderstoel

ནུར་མཕོ་རྐུབ་སྟེགས།

rekening

ཕོ་ཡིག

dienblad

ཤིང་སྟོང་།

mes

ཟ་གྲི།

vork

ཟས་ཆིབ།

lepel

ཞིམ་བུ།

theelepel

ཐུར་མ།

serviette

ལག་རས།

glas

ཤེལ་ཕོར།

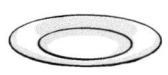

bord

སྡེར་མ།

soepbord

ཐང་ཕོར།

schoteltje

སྡེར་དཀྱིལབས།

saus

སྤོད་རྫས།

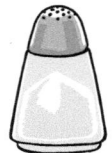

zoutvatje

ཚྭ་ཕོག

pepermolen

གཡེར་མ་འཐག་འཁོར།

azijn

ཚུར།

olie

སྣུམ།

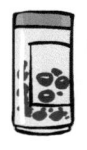

kruiden

སྨན་སྣ།

ketchup

ཞི་ཙཱུག

mosterd

ཨ་ཡེ།

mayonaise

སྤོད་མེར་ཆད།

supermarkt

སྣ་ཚོགས་ཁྲོམ་ར།

aanbieding
དམིགས་བསལ་གྱི་རིན་གོང་།
klant
མགོ་མཁན།
zuivelproducten
འོ་རྫས།
FOR
fruit
ཤིང་ཏོག
winkelwagen
འདྲུད་འཐེན་འཁོར་ལོ

BUTCHERS

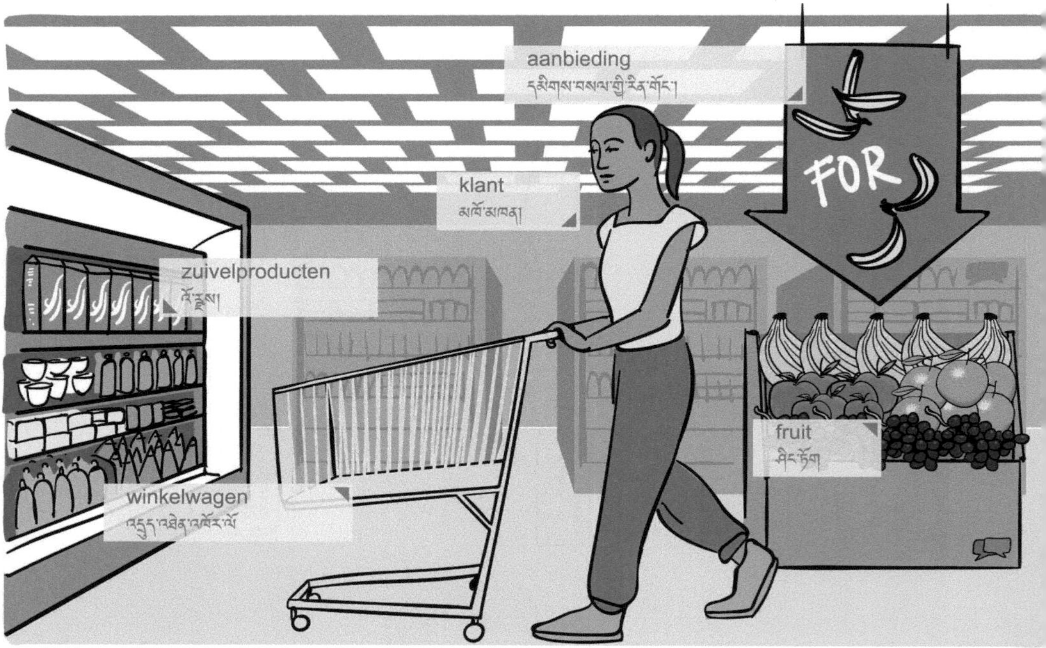

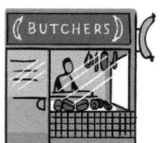

slagerij

བཤས་ཚོང་།

BAKERY

bakkerij

བག་སོབ་ལས་མཁན།

wegen

ལྗིད་ཚོད་འཇོགས་པ།

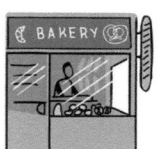

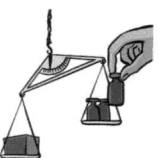

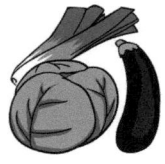

groenten

ཚོད་མ།

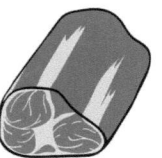

vlees

ཤ།

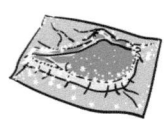

diepvriesvoedsel

འཁྱགས་ཟས།

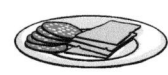

charcuterie

ཤ་གྲུན།

conserven

ཀྱིན་བཙོབ་པའི་ཟ་མ།

waspoeder

ཁྲུས་བལ།

snoep

མངར་ཟས།

huishoudproducten

ཁྱིམ་ཆས།

schoonmaakproducten

ཕོན་རྫས་གཙང་མ།

verkoopster

འཚོང་མཁན་ཚོང་མ་མ།

kassa

དངུལ་སྒྲོམ།

kassier

དངུལ་གཉེར།

boodschappenlijstje

དངོས་ཆོ་ཞིབ་ཁྲ།

openingstijden

སྒོ་འབྱེད་དུས་ཚོད།

portefeuille

དངུལ་ཁུག

kredietkaart

ཨིན་ཊོན་བྱང་བུ།

tas

ཁུག་མ།

plastieken zakje

འགྱིག་ཤོག

water

ཆུ།

sap

ཤིང་ཏོག

melk

འོ་མ།

cola

ཁ་ནག

wijn

རྒུན་ཆང་།

bier

བྱ་ཆང་།

alcohol

ཆང་རིགས།

cacao

ཀོ་ཀོའི།

thee

ཇ།

koffie

ཁོག་ཕ།

espresso

ཁོག་ཕ།

cappuccino

ཀ་པའ་ཅི་ནོ།

banaan

ངང་ལག

appel

ཀུ་ཤུ།

sinaasappel

ཚ་ལུ་མ།

meloen

སྐྱ་ཚིག་གོན།

citroen

ལེ་མོན།

wortel

ལབ་མེར

knoflook

སྒོག་པ།

bamboe

སྨྱུག་མ།

ajuin

ཙོང་།

champignon

ཤ་མོ།

noten

ཤུན་སྐོགས།

noodles

ཕྱུག་པ།

spaghetti

རྒྱ་ཕྱེ།

rijst

འབྲས།

salade

གྲུང་ཚལ།

frieten

ཀྲི་པ་སི།

gebakken aardappelen

ཡོངས་ར་སྲེག་པ།

pizza

པི་ཚ།

hamburger

ཧེམ་བྷུ་གྱ།

sandwich

བག་ལེབ་སན་ཝི་ཅི།

kalfslapje

ཤ་ཏིག་གཟོགས།

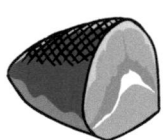

ham

ཕག་ཤ་དུང་མ།

salami

ས་ལ་མི།

worst

རྒྱུ་མ།

kip

བྱ་ཤ།

braden

སྲེག་པ།

vis

ཉ།

havervlokken

ཡུ་གུ།

muesli

སྨྱི་ཙི་ལི།

cornflakes

ཨ་མོལ་ལེབ་མོ།

bloem

ཕྱེ་མ།

croissant

སྒྱང་ར།

pistolet

བག་ལེབ།

brood

བག་ལེབ།

toast

བག་ལེབ་ཏིག་གཟོགས་སྲེག་མ།

koekjes

སྐྱ་མོབ

boter

མར།

kwark

ལོ།

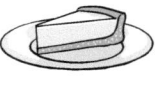

taart

བག་ལེབ་ལོབ་ལོབ།

ei

སྒོ་ང།

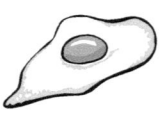

spiegelei

སྒོ་ང་བརྫོ་བ།

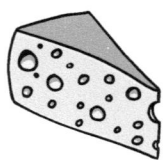

kaas

ཕྱུར་ར།

ijs

འཁྱགས་ཤོ།

suiker

བྱེ་མ་ཀ་ར།

honing

སྦྲང་རྩི།

confituur

སྤྱིར་མས།

choco

ཅོག་ལེ་ཅད།

curry

སྣ་མེར།

eten - ཟ་ལག།

boerderij
གཞལ་ཁང་།

strobaal
རྩྭ་ཕུང་།

schuur
འབྲུ་ཁང་།

veld
ཞིང་ས།

paard
རྟ།

aanhangwagen
འདྲུད་བྲིའི་འཕོར་ལོ།

veulen
རྟིང་ཕྲུག

tractor
འདྲུད་འཕོར།

ezel
བོང་བུ།

schaap
འདྲུད་འཕོར།

lam
ལུ་གུ

geit
ར་མ།

koe
བ་མོ།

kalf
བེ་ལུ།

varken
ཕག

biggetje
ཕག་ཕྲུག

stier
གླང་།

gans

དང་པ།

eend

བྱ་གག

kuiken

བྱིའུ་ཕྲུག

kip

བྱ་མོ།

haan

བྱ་ཕོ།

rat

བྱི་བ།

kat

ཞི་མི།

muis

ས་བྱི་ལིག

os

བ་གླང་།

hond

ཁྱི།

hondenhok

ཁྱི་ཁང་།

tuinslang

མེ་ཏོག་སྐྱུམ་པའི་ཁང་པ།

gieter

ཆུ་འདྲེན་པའི་སྒྱོགས་ཤིག

zeis

ཟོར་བ།

ploeg

ཐོང་གཤོལ།

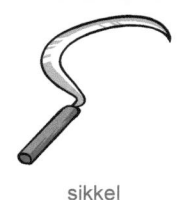

sikkel

ཟོར་བ།

schoffel

འཆོར།

hooivork

རྩྭ་སྐྱེལ་གྱི་ལྕགས་དཔྱག

bijl

སྟ་རེ།

kruiwagen

འཁོར་ལོ་གཅིག་མ།

trog

དམའ་ས།

melkkan

འོ་ཛོ།

zak

སོ་ཁུག

hek

ར་བ།

stal

བཙན་ཕོ།

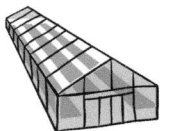

broeikas

རྫད་ཁང་།

bodem

ས།

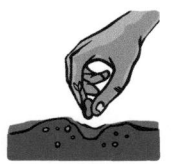

zaad

འབྲུ།

mest

ཆུ་ལུད།

maaidorser

མཉམ་བསྒྲ་འཐུལ་འཁོར།

oogsten

སློན་པསླུ་བ།

oogst

ཕོན་འབབ།

yam

ར་སླུན།

tarwe

འབྲོ།

soja

ཧྲང་ཡསུ།

aardappel

ཕོང་མ།

maïs

མ་ཙོས་ལོ་ཏོག

koolzaad

ཡུངས་དཀར་འབྲུ།

fruitboom

ཤིང་ཏློང་།

maniok

ཉོག་ལོག་མདང་མོ།

graan

འབྲུ་རིགས།

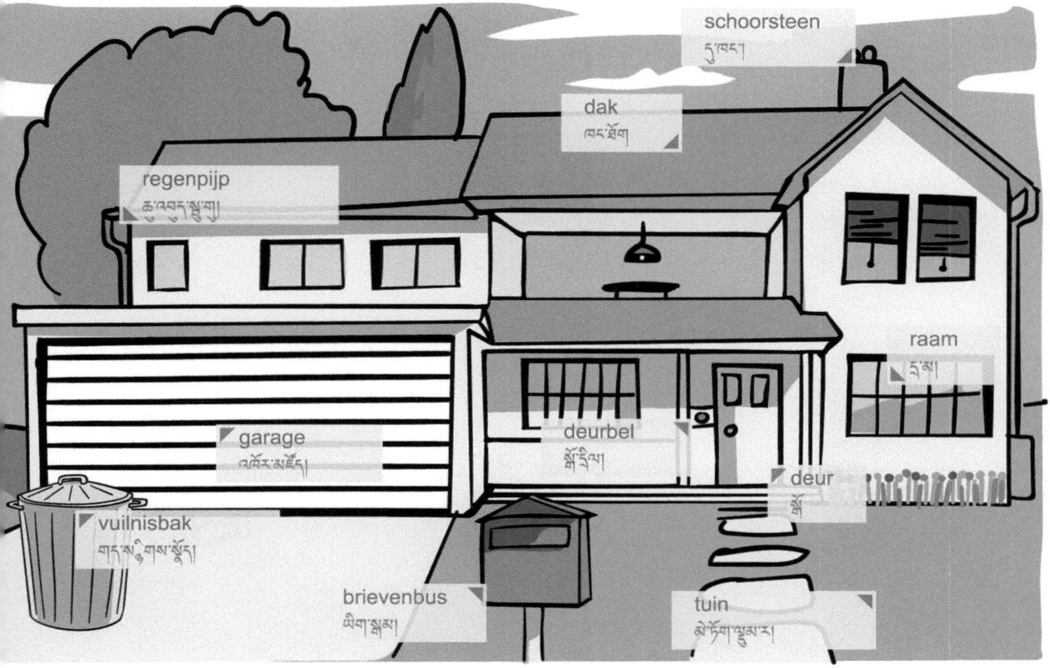

schoorsteen
དུ་ཁུང་།

dak
ཁང་ཐོག

regenpijp
ཆུ་འབབ་སྦུབ་ག

raam
དགམ།

garage
འཁོར་མ་ཚོང་།

deurbel
སྒོ་དྲིལ།

deur
སྒོ།

vuilnisbak
གད་སྙིགས་གས་སྣོད།

brievenbus
ཡིག་སྒྲོམ།

tuin
མེ་ཏོག་ལྡུམ་ར།

woonkamer
སྡོད་ཁང་།

badkamer
འཁྲུས་ཁང་།

keuken
ཐབ་ཚང་།

slaapkamer
ཉལ་ཁང་།

kinderkamer
ཕྲུག་པའི་ཁང་པ།

eetkamer
ཁ་ལག་ཟ་ས།

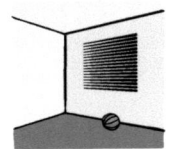

vloer

པང་གཅལ།

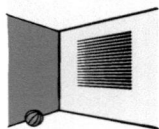

muur

གྱང་།

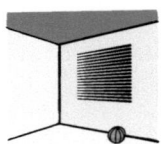

plafond

གནམ་གཅལ།

kelder

ས་རོང་།

sauna

རྣམས་ཁྲུས།

balkon

འཛེགས་གཡབ།

terras

སྐས་ཞིང་།

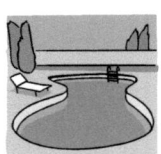

zwembad

རྫིང་བུ།

grasmaaier

རྩྭ་འབྲེག་འཕྲུལ།

dekbedovertrek

ལེབ་མོ།

dekbed

ཉལ་ཁྲིའི་ལེབས།

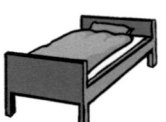

bed

ཉལ་ཁྲི།

bezem

ཕྱགས་མ།

emmer

འཆགས་ཞིམ།

schakelaar

མཐུ་སྒོ།

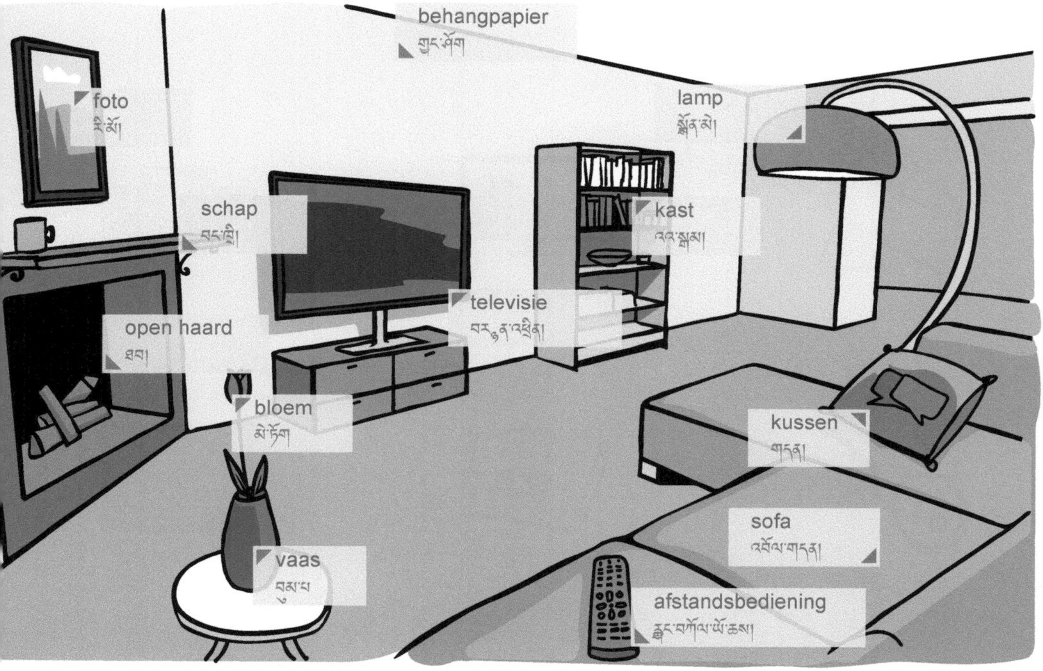

behangpapier
གྱང་ཤོག

foto
རི་མོ།

lamp
སྒྲོན་མེ།

schap
བང་ཁྲི།

kast
འབའ་སྒམ།

open haard
ཐབ།

televisie
བརྙན་འཕྲིན།

bloem
མེ་ཏོག

kussen
སྔས།

vaas
བུམ་པ།

sofa
འབོལ་གདན།

afstandsbediening
རྒྱང་བཀོལ་ལོ་ཚབ།

mat
ས་གདན།

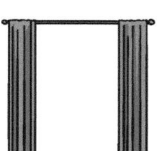

gordijn
ཡོལ་བ།

tafel
ཅོག་ཙེ།

stoel
རྐུབ་རྐྱལ།

schommelstoel
འབབ་ཕྱོགས་འགུལ་རྐུབ་སྟེགས།

fauteuil
རྐུབ་ཀྱག་ལག་འཛར།

boek

དཔེ་དེབ།

deken

ཉལ་ཐུལ།

decoratie

རྒྱན་བཀོད།

brandhout

མེ་ཤིང་།

film

སློག་བརྙན།

stereo-installatie

བསྒྱུར་སྣ།

sleutel

ལྡེ་མིག

krant

གསར་ཤོག

schilderij

ཚོན་བྲིས།

poster

གསར་བསྒྲགས་ཤོག

radio

རླུང་འཕྲིན།

notitieboekje

ཟིན་བྲིས།

stofzuiger

རྡུལ་ཕྱགས།

cactus

རྒྱ་ཤིང་།

kaars

ཡང་ལ།

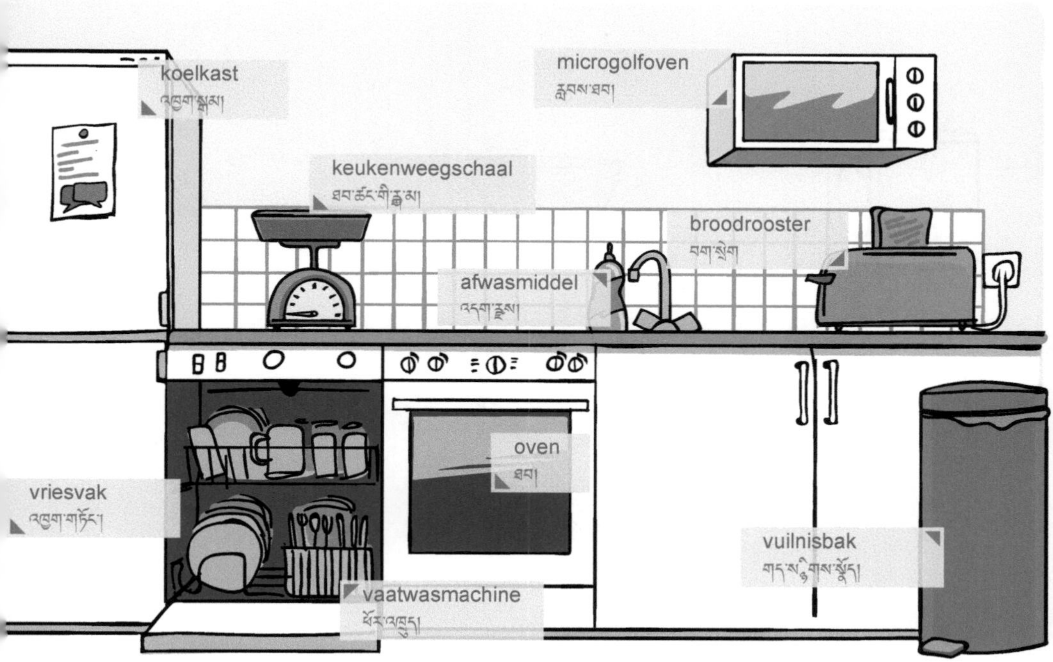

koelkast
འཁྱག་སྒམ།

microgolfoven
རླུངས་ཐབ།

keukenweegschaal
ཐབ་ཚང་གི་རྩི་མ།

broodrooster
བག་སྲེག

afwasmiddel
འདག་རྫས།

oven
ཐབ།

vriesvak
འཁྱག་གཏོང་།

vuilnisbak
གད་སྙིགས་གས་སྣོད།

vaatwasmachine
ཕོར་འཁྲུད།

fornuis

དབུགས་ཐབ།

pot

ཟ་འབྱོ།

gietijzeren pot

ལྕགས་ཟངས།

wok / kadai

སླང་།

pan

ཚོད་སླང་།

waterkoker

ཆུ་ཕྱི།

stoomkoker

མོག་སྲུ།

bakplaat

བསྲེགས་སྡེར།

servies

རྫ་ཆས།

mok

ཀོ་རེ།

kom

ཕོར་པ།

eetstokjes

ཐུར་མ།

pollepel

གཟར་བ།

spatel

གྱི།

garde

དཀྲོག་ཐུར།

vergiet

ཚགས་སློགས།

zeef

ཚགས་རྒྱ།

rasp

ཞིབ་ཆུག་འཕུལ་འཁོར།

mortier

གྲོག་ཆིད།

barbecue

ཁ་བསྲེགས།

haardvuur

མེ་སྒྲོགས།

snijplank

ཚོད་པད།

deegrol

སྐྱོལ་ཤིང་།

kurkentrekker

ཞུད་བ་བཙོག

blik

ལཅགས་ཀྱིང་།

blikopener

ལཅགས་ཀྱིང་ཁ་འབྱེད་ཆས།

pannenlap

ཕོ་སྐྱོམ།

gootsteen

ཞ་ཤུས།

borstel

སྐུ་གད།

spons

འགྱིག་སོབ

blender

སྐུབ་དཀྲུག་འཕུལ་འཁོར།

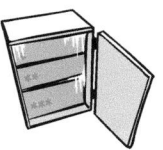

vriezer

འཁྱག་རབ་འཕུལ་འཁོར།

papfles

ཕྱིས་པའི་དུ་དུ།

kraan

སྐུ་ལུ།

badkamer

འཁྲུས་ཁང་།

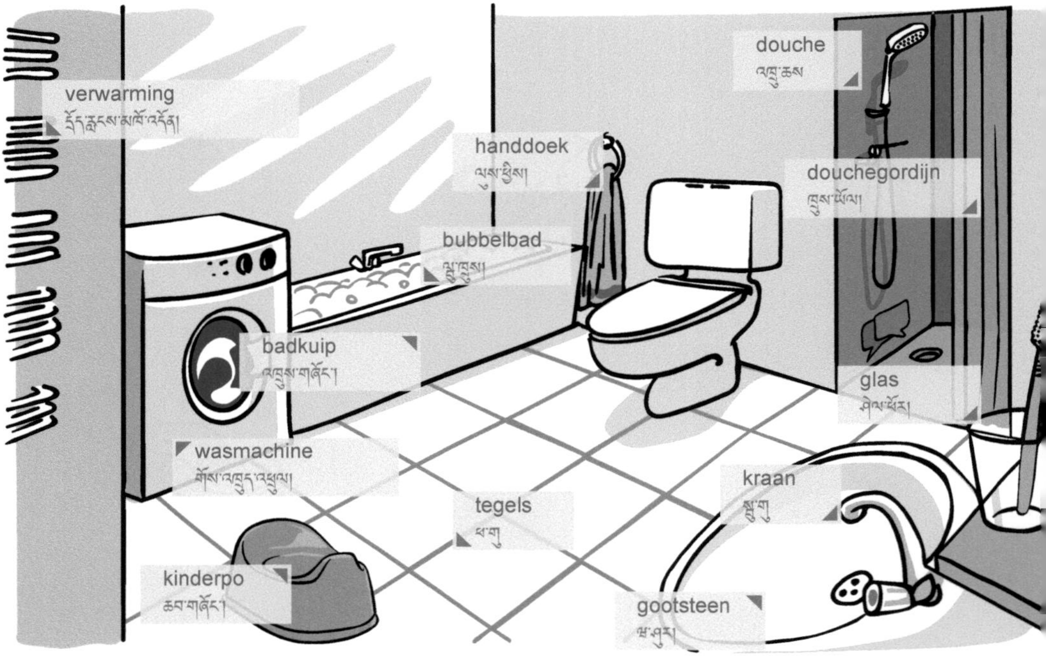

verwarming
རྫོད་སྣངས་མཚོ་འདོན།
handdoek
ལུས་ཕྱིས།
douche
འཁྲུ་ཆས
douchegordijn
ཁྲུས་ཡོལ།
bubbelbad
ལྦུ་ཁྲུས།
badkuip
འཁྲུས་གཞོང་།
glas
ཤེལ་ཕོར།
wasmachine
གོས་འཁྲུད་འཕྲུལ།
kraan
སྦུ་གུ
tegels
ཕ་གུ
kinderpo
ཆབ་གཞོང་།
gootsteen
ཕྱ་ཤུར།

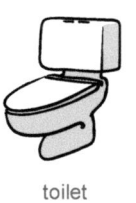

toilet

འདུག་སྟབས་ཆབ་གཞོག

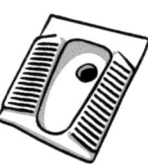

hurktoilet

གསང་སྤྱོད།

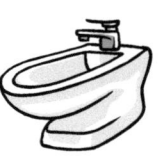

bidet

འཁྲུས་གཞུང་།

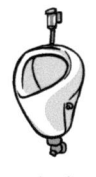

urinoir

གཅིན་གཏོང་ཆས།

toiletpapier

གཙང་ཤོག

toiletborstel

གསང་སྤྱོད་ཤེད།

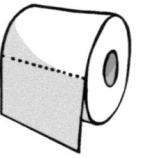

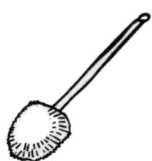

tandenborstel

སོ་བཀྲུ

tandpasta

སོ་སྨན།

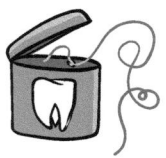

flosdraad

སོ་སྐུད།

wassen

བཀྲུ་བ།

handdouche

ལག་ཏུ་བཟུང་བའི་ལྦུ་ཆས།

bidethanddouche

ཁྲུས།

waskom

གཟོང་མ།

rugborstel

རྒྱབ་ཤད།

zeep

སྦོས་ཆལ།

douchegel

ཁྲུས་ཞིལ།

shampoo

སྐྲ་འཁྲུད་ཏྲི་ག

washandje

རྒྱ་ལན་སྨྱུ།

afvoer

ཆུ་གཏོང་བ།

crème

སྐུ་སྨུག

deodorant

དྲི་ཞིམ།

spiegel

མེ་ལོང་།

handspiegel

མེ་ལོང་།

scheermes

སྤུར་བཞར།

scheerschuim

བཞར་བའི་སྤུམ།

aftershave

ཁ་སྤུ་བཞར་རྗེས།

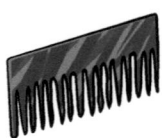

kam

སོ་མངད།

borstel

འདད།

haardroger

སྐྲ་འབུད་འཕུལ་འཁོར།

haarlak

འགིག་སྦྱིན།

make-up

མཛེས་པེར།

lippenstift

མཆུ་རྩི།

nagellak

སེན་རྩི།

watten

བལ་ཕྲུག

nagelknipper

སེན་ཆག

parfum

དྲི་ཞིམ།

toilettas

འཁྲུས་ཁུག

kruk

པཀྲ་ལ་ཅི་དོར་བ།

weegschaal

ལས་ཁྲི།

badjas

འཁྲུས་གོས།

latex handschoenen

འགྱིག་སྦྱོར་ལག་ཤུབས།

tampon

སྨྱུད་ཁེབས།

maandverband

ཚོན་གོག

chemisch toilet

རྫས་འགྱུར་གསང་སྤྱོད།

kinderkamer

བྱིས་པའི་ཁང་པ།

wekker
ཉིལ་བརྡ་ཆུ་ཚོད།
knuffel
བལ་སྐུད་རྩེད་ཆས།
speelgoedauto
རྩེད་ཆས་རླངས་འཁོར།
rammelaar
ཀླག་ཅོར།
poppenhuis
རས་ཨོ་ལོའི་ཁང་ཆུང་།
geschenk
ལག་སྟེས།

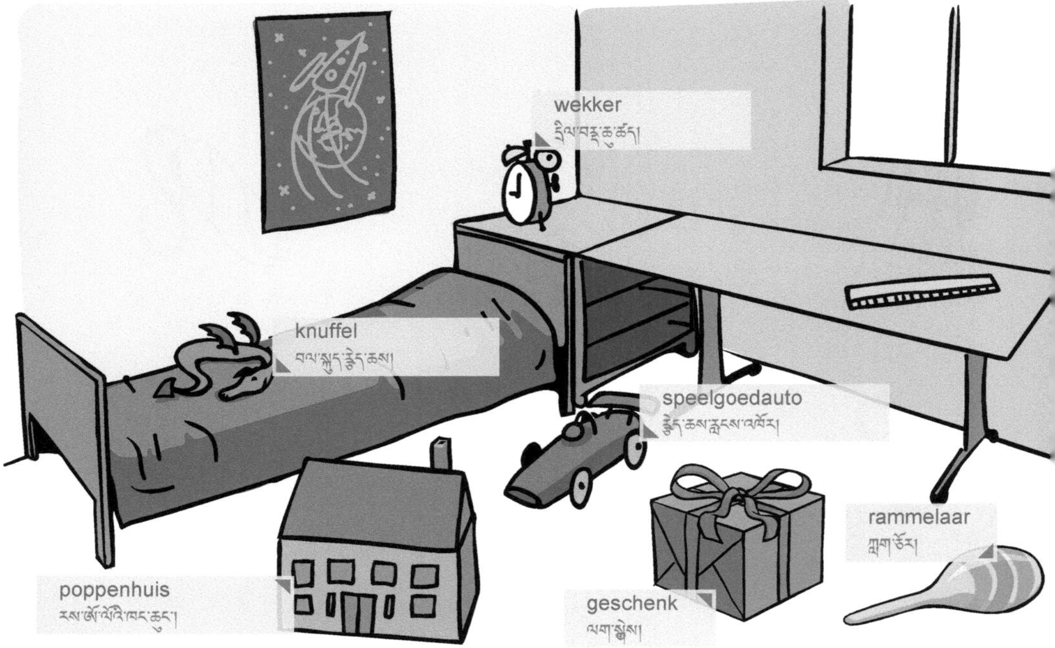

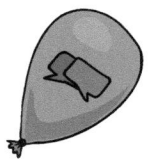

ballon

དབུགས་ལྒང་།

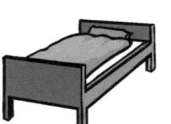

bed

ཉལ་ཁྲི།

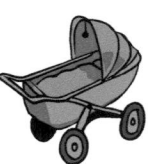

kinderwagen

བྱིས་པའི་འཁྱོགས་འཁོར།

spel kaarten

ཤོག་སྦག

puzzel

རིས་བསྒྲིག་རྩེད་ཆས།

SUPER
MEGA

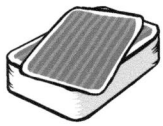

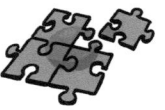

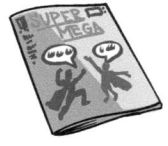

stripboek

སྣ་འབྲིལ་རི་མོ།

legoblokjes

ལེ་གོ།

blokken

བརྩེག་ཤིང་།

actiefiguur

དབྱིབས་འགྱུར་འཕུལ་མི།

kruippakje

ཕྱུའུ་ནར་སོ་ན།

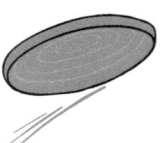

frisbee

འཕར་སྒོར།

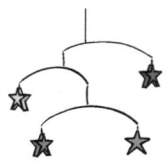

mobiel

སྐྱུལ་བདེའི་རྣམ་པ།

bordspel

མིག་མངས་ཀྱི་རོལ་རྩེད།

dobbelsteen

ཤོ་རྩེད།

modelspoorweg

དཔེ་སྟེགས་མེ་འཁོར།

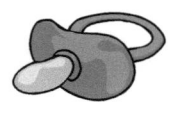

fopspeen

ནུས་མ།

feest

འདུ་ཚོགས།

prentenboek

རི་མོའི་དཔེ་དེབ།

bal

པོ་ལོང་།

pop

རས་ཨ་ལོ།

spelen

རྩེད་མོ་རྩེ།

zandbak

ཕྱེ་རྡོག

schommel

འཕྱུར་རྩེད།

speelgoed

རྩེད་ཆས།

spelconsole

རྩེད་འཕྲུལ།

driewieler

འཁོར་གསུམ་འཁོར་ལོ།

knuffelbeer

ཕྭེ་དྲེད་ཞུང་།

kleerkast

གོས་སྒྲོམ།

sokken

རྐང་ཤུབས།

kousen

ཨོམ་ས་ལཱ།

maillot

རྐང་ཤུབས།

sjaal
ཨ་ཅི་གྱིས།

paraplu
གདུགས།

T-shirt
སྟོད་ཐུང་།

riem
རྐེད་ཆས།

laarzen
ལྷམ།

slippers
བསྦི་ལ་ལྷམ།

sneakers
རྩེད་སྦྱོང་སྒྱོན་ཆས།

sandalen
འདུད་ལྷམ།

schoenen
ལྷམ།

rubberlaarzen
འགྱིག་ལྷམ།

onderbroek
ཨན་རག

beha
བྱང་ཁེབས།

onderhemd
རྐུབ་ལེན།

kleding - གྱོན་ཆས།

lichaam

བུ་རྡྱིའི་གྱོན་ཆས།

broek

རྐང་ཐོ།

jeans

འཇིན་ས།

rok

སྨད་གཡོགས།

blouse

འོག་འཛུལ།

hemd

སྟོད་ཐུང་།

trui

བལ་གོས།

capuchontrui

ཞྭ་ལྭ།

blazer

རྐྱེན་གོས་སྤོད་ལྭ།

jas

རྒྱ་ལྭེ་ལྭེ།

jas

སྟོད་གོས།

regenjas

ཆར་གོས།

kostuum

གྱོན་ཆས།

jurk

གྱོན་གོས།

trouwjurk

བག་གོས།

pak

 དུག་སློག

nachthemd

ཉལ་གོས

pyjama

ཉལ་གོས

sari

ས་རི

hoofddoek

མགོ་དཀྲིས

tulband

སྤྲོད་དཀྲིས

boerka

ཕོག་ལྭ

kaftan

ག་ཆུ་ཏན

abaya

ཨ་པ་ཡ

badpak

ཆུ་ལ་གོས

zwembroek

བྱུང་ཁོག

short

དོར་ཐུང

trainingspak

ལུས་རྩལ་སྦྱོང་ཆས

schort

པང་གདན

handschoenen

ལག་ཤུབས

knoop

སྣོག་བུ།

bril

མིག་ཤེལ།

armband

ལག་གདུབ།

ketting

སྐེ་རྒྱན།

ring

ཙིགས་ཞིབས།

oorbel

རྣ་ལོང་།

pet

ཞྭ།

kapstok

གོས་དྲང་།

hoed

གུས་ཞྭ།

das

གོང་དཀྲིས།

rits

འཇེར་སྒྲོག

helm

སྨྲོག

bretellen

དཔུང་ཐག

schooluniform

སློབ་གོས།

uniform

སྒྲིག་ཆས།

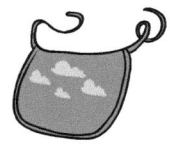

slabbetje

ལྷ་ཁེབས།

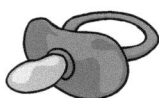

fopspeen

རྣུས་མ།

luier

ཆུ་གདན།

kantoor

ལས་ཁུངས།

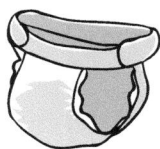

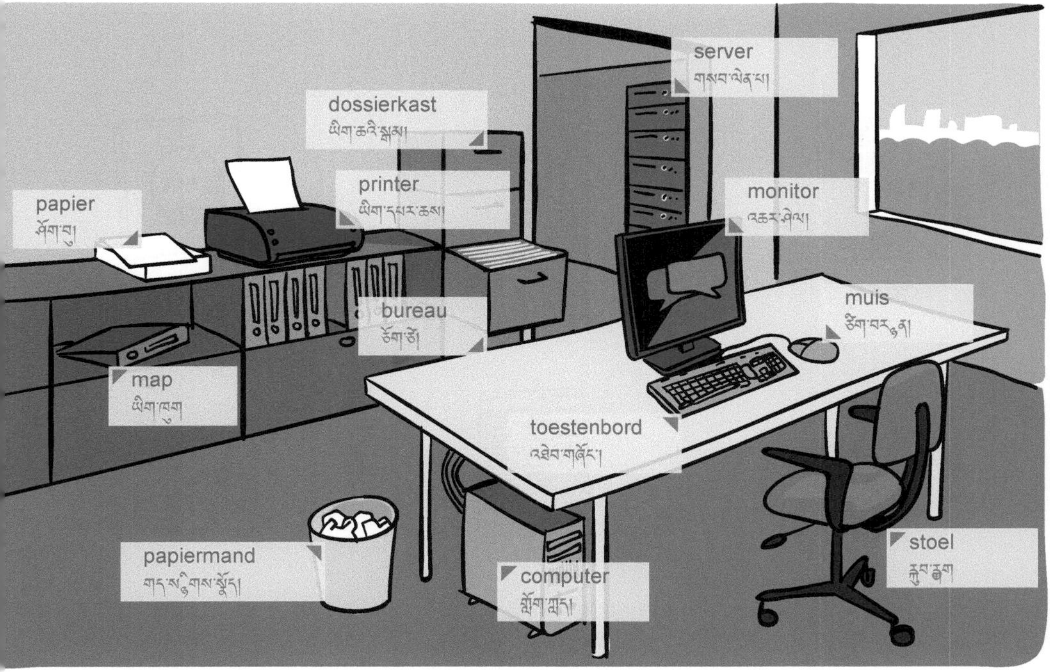
server
གསབ་ལེན་པ།
dossierkast
ཡིག་ཆའི་སྒམ།
printer
ཡིག་དཔར་ཆས།
papier
ཤོག་བུ།
monitor
འཆར་ཤེལ།
muis
ཙིག་བརྙན།
bureau
ཅོག་ཙེ།
map
ཡིག་ཁུག
toestenbord
འཐེབ་གནོན།
papiermand
གད་སྙིགས་སྡོད།
computer
གློག་ཀླད།
stoel
རྐུབ་རྒྱག།

koffiemok

ཚིག་ཇ་ཀོ་རེ།

42

rekenmachine

ཨང་རྩིས་འཁྲུལ་བྱེད།

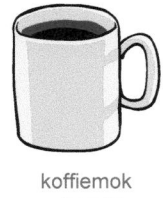

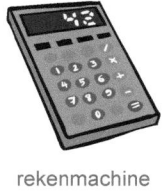

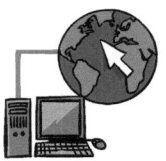

internet

དྲ་རྒྱ།

laptop

ལག་འཁྱེར་གློག་ཀླད།

brief

ཡི་གེ

bericht

འཕྲིན་ཐུང་།

gsm

ལག་འཁྱེར་ཁ་པར།

netwerk

དྲ་ལམ།

kopieerapparaat

བཤུར་དཔར་ཆས།

software

མཉེན་ཆས།

telefoon

ཁ་པར།

stopcontact

སྒྲ་གདན།

fax

རྒྱུད་འཕྲིན།

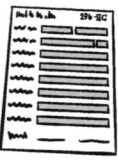

formulier

རེའུ་མིག

document

ཡིག་ཆ།

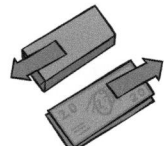

kopen

ཉོ།

betalen

དངུལ་སྤྲོད་པ།

handelen

ཚོང་རྒྱག་པ།

geld

སྒོར་མོ།

dollar

ཨ་སྒོར།

euro

ཡོ་སྒོར།

yen

ཡེ་གོ།

roebel

རུའུ་བྱེ།

Zwitserse frank

སུའི་ཙེར་གྱི་ཧྲ་རན་སྤྱི་སྒོར་མོ།

Chinese renminbi

རྒྱ་ནག་གི་སྒོར་མོ།

roepie

ལའ་པེ།

geldautomaat

ལག་དངུལ་གྱི་གཟུགས།

wisselkantoor

བརྗེ་འགྱུར་ལས་ཁངས།

goud

གསེར།

zilver

དངུལ།

olie

སྣུམ།

energie

ནུས་ཤུགས།

prijs

རིན་གོང་།

contract

གན་རྒྱ།

belasting

དཔྱ་ཁྲལ།

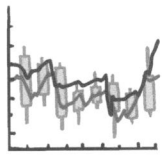

aandeel

ཚོང་ཆོག

werken

ལས་ཀ་བྱེད་པ།

werknemer

ལས་བྱེད་པ།

werkgever

ལས་ཀ་སྤྲོད་མཁན།

fabriek

བཟོ་གྲྭ།

winkel

ཚོང་ཁང་།

politieagent
ཉེན་རྟོག་དམག་མི།

brandweerman
མེ་གསོད་དམག་མི།

kok
མ་བྱན།

dokter
སྨན་པ།

piloot
གནམ་གྲུའི་ཁ་ལོ་བ།

tuinman
ལྡུམ་ར་པ།

timmerman
ཤིང་བཟོ་བ།

naaister
ཚེམ་མཁན་མ།

rechter
ཁྲིམས་དཔོན།

chemicus
རྫས་སྦྱོར་མཁས་པ།

acteur
གློག་བརྙན་འཁྲབ་སྟོན་པ།

buschauffeur

ཁ་ལོ་བ།

taxichauffeur

སྐྱེལ་ཉག་ཉྕངས་འཁོར་ཁ་ལོ་བ།

visser

ཉ་པ།

schoonmaakster

གཙང་སྦྲ་བྱེད་མཁན།

dakdekker

ཁང་སྟེང་བཟོ་མཁན།

ober

ཞབས་ཞུ་བ།

jager

རྔོན་པ།

schilder

ཚོན་རྩི་གཏོང་མཁན།

bakker

བག་ལེབ་ལས་མཁན།

elektricien

གློག་བཟོ་མཁན།

bouwvakker

ཨུར་ལས་པ།

ingenieur

ཨུར་ལས་འཆར་འགོད་པ།

slager

བཤན་པ།

loodgieter

ཆུ་ལམ་བཟོ་སྐྲུག་པ།

postbode

ཡིག་སྐྱེལ་བ།

soldaat

དམག་མི།

architect

ཨེར་ལས་པ།

kassier

དངུལ་གཉེར།

bloemist

མེ་གསོད་མཁན།

kapper

སྐྲ་བཟོ་མཁན།

conducteur

སྐུ་འདྲེན།

mecanicien

བཟོ་ལས་པ།

kapitein

འགོ་ཁྲིད།

tandarts

སོའི་སྨན་པ།

wetenschapper

ཚན་རིག་པ།

rabbijn

འཇིའུ་སློབ་དཔོན།

imam

ཨི་མམ།

monnik

གྲྭ་པ།

geestelijke

ཆོས་དོན་གཉེར་མཁན།

werktuigen

སྤྱོད་ཆས།

tang
འཛིམ་བྱེད་སྐམ་པ།
hamer
ཐོ་བ།
schroevendraaier
གཅུས་གཟེར་སྒྲིམ་བྱེད།
zaklamp
དཔལ་འབར།
schroefsleutel
གཅུས་གཟེར་སྒྲིམ་བྱེད་སྐམ་པ།

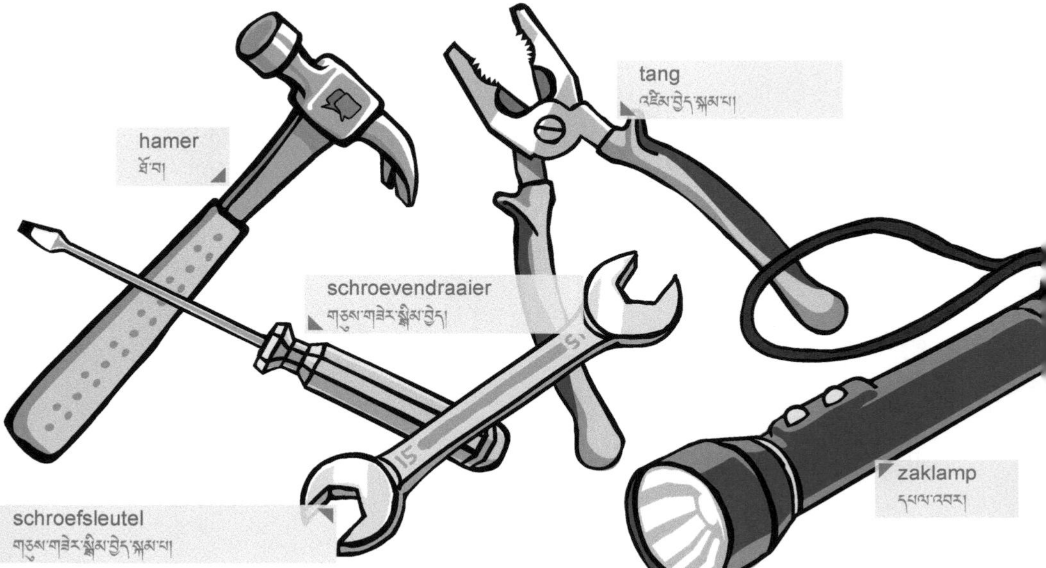

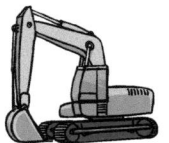

graafmachine

སྔོག་མཁན།

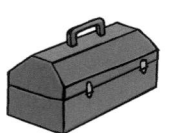

gereedschapskoffer

སྤྱོད་ཆས་སྒམ།

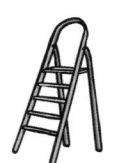

ladder

འཛེགས་སྐས།

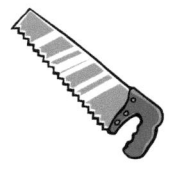

zaag

སོག་ལེ།

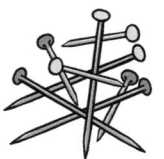

spijkers

ལྕགས་གཟེར།

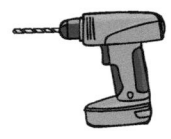

boormachine

འབིགས་གསོར་འཕྲུལ་འཁོར།

repareren

བཟོ་བཅོས་རྒྱག་པ།

schop

སྐུག་མ།

Verdomme!

ཨ་མའི་ག

blik

གད་གཅིགས་གཡོགས་བྱེད་ལྗགས།

verfpot

སྐུམ་རྫི།

schroeven

གཅུས་གཟེར།

muziekinstrumenten
རོལ་ཆས།

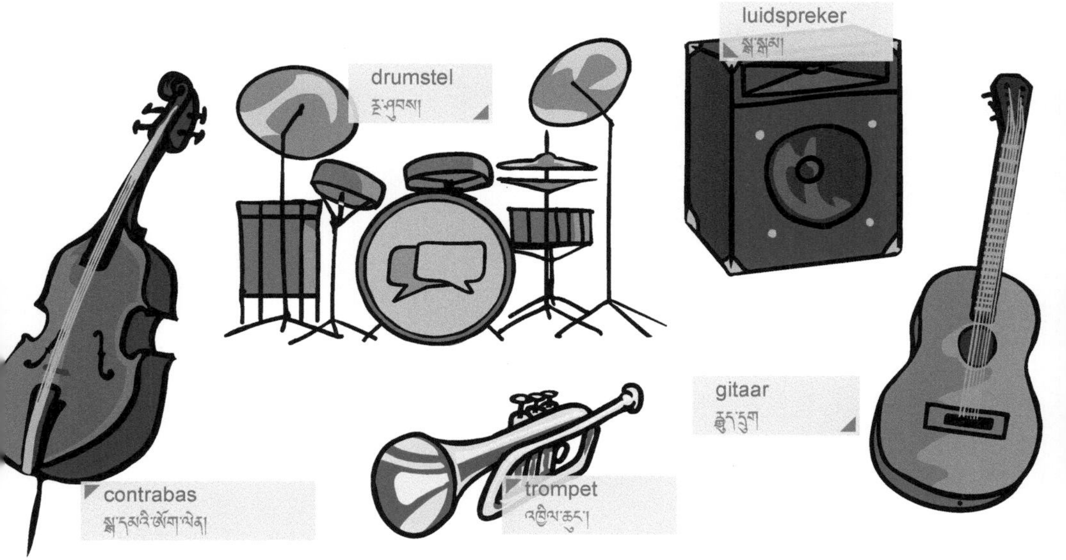

luidspreker
སྒྲ་སྒྲོག

drumstel
རྔ་རྡུབས།

gitaar
རྒྱུད་དྲུག

contrabas
སྒྲ་དམའི་ཤོག་ལེན།

trompet
འཁྲིལ་ཆུང་།

piano

རྒྱ་གླིང་།

viool

འདེགས་ཆུང་།

basgitaar

སྒྲ་གདངས་དམར་བ།

pauk

སྒྲ་སྒྲིག་རྒྱག

trommels

རྔ།

keyboard

མཐེབ་གཞོང་།

saxofoon

ཤག་ཨེ་ཕོན།

fluit

འཕྱེད་གླིང་།

microfoon

སྐད་སྒྲོག

tijger
སྟག

kooi
གཟེབ།

ingang
སྒོ་མ།

zebra
རྟ་ཁྲ།

diereneten
གཅན་གཟིགས་ཀྱི་ལྟེ་ལྟོར་སྟེར་ས།

panda
དོམ་ཁྲ།

dieren

ཕྱུག་རྐྱགས།

olifant

གླང་ཆེན།

kangoeroe

ཀངྒ་རུ།

neushoorn

བསེ་རུ།

gorilla

མི་སྟོན།

beer

དོམ།

kameel

རྔ་མོང་།

struisvogel

རྔ་མོང་བྱ་ཆེན།

leeuw

སེང་གེ།

aap

སྤྲེལ།

flamingo

དང་པའི་རྒྱལ་པོ།

papegaai

ནེ་ཙོ།

ijsbeer

དོམ་དཀར།

pinguïn

བྱ་ཆེན་པེ་གུན།

haai

ཉ་ཆེན་མཆུ།

pauw

རྨ་བྱ།

slang

སྦྲུལ།

krokodil

ཆུ་སྲིན།

dierenverzorger

གཅན་གཟན་ཁང་གི་གཉེར་མ་ལས་མཁན།

zeehond

མཚོ་སྒྱོང་།

jaguar

གཅན་གཟན་གུང་།

pony

ཡུལ་རྟ།

luipaard

གཟིག

nijlpaard

མཚོ་ཕག

giraffe

ཤིང་ཆེ་རིང་།

adelaar

ཁྲ།

wild zwijn

ཕོ་ཕག

vis

ཉ།

zeeschildpad

རུས་སྦལ།

walrus

ཕྱོལ་རྐྱས།

vos

ཝ་མོ།

gazelle

དགོ་བ།

rugby
ཨ་རིའི་རྐང་རྩེད་སྒོར་ལོ།

wielrennen
རྔུལ་གྱུ་རི་ལ་བཞོན་པ།

tennis
ཏེ་ནི་སི།

basketbal
ལས་ཆེའི་སྒོར་ལོ།

zwemmen
ཆུ་སྐྱལ་བ།

boksen
ཕྱོག་སོད།

ijshockey
ཆོག་གི་རི།

voetbal
རྐང་རྩེད་པོ་ལོ།

badminton
བྱ་སྒྲོའི་སྒོ་ལོའི་རྩེད་མོ།

atletiek
ལས་རྩལ་ལས་འགུལ།

handbal
ལག་རྩེད་པོ་ལོ།

skiën
གངས་ཤུད་པ་ལེབ།

polo
རྟ་ལོ།

springen
མཆོང་བ།

knuffelen
འཁྱུད་པ།

lachen
གད་མོ་དགོད་པ།

zingen
གླུ་ལེན་པ།

wandelen
གོམ་པ་རྒྱག་པ།

dromen
རྨི་ལམ་རྨོང་བ།

bidden
གསོལ་བ་འདེབས་པ།

kussen
ཚོ་བྱེད་པ།

schrijven	tekenen	tonen
འབྲི་བ།	འབྲི་བ།	མིག་ལ་སྟོན་པ།
duwen	geven	nemen
འབུད་རྒྱག་གཏོང་བ།	སྤྲོད་པ།	ལེན་པ།

hebben

ཡོད།

doen

བྱེད།

zijn

ཡིན།

staan

ལངས་པ།

lopen

རྒྱུག་པ།

trekken

འཐེན་པ།

gooien

འཕེན་པ།

vallen

ལྷུང་བ།

liggen

ཉལ་བ།

wachten

སྒུག་པ།

dragen

འཁུར།

zitten

མར་སྐྱོད་པ།

aankleden

གྱོན་པ།

slapen

གཉིད་ཁུག་པ།

ontwaken

ཡར་ལངས་པ།

kijken naar

ལྟ་བ།

wenen

ངུ་བ།

aaien

གོན་པ་གྱོན་པ།

kammen

སྐྲ་བཤད་པ།

praten

སྐད་ཆ་བཤད་པ།

begrijpen

རྟོགས་པ།

vragen

དྲི།

luisteren

ཉན་པ།

drinken

འཐུང་།

eten

ཟ།

opruimen

ལེགས་སྒྲིག

houden van

དགའ་བ།

koken

བཙོ་བ།

rijden

རླངས་འཁོར་གཏོང་བ།

vliegen

འཕུར་བ།

zeilen

རྒྱ་མཚོ་སྐྱོད་པ།

rekenen

རྩིས་རྒྱག་པ།

Lezen

བློག་པ།

leren

སློབ་སྦྱོང་བྱེད་པ།

werken

ལས་ཀ་བྱེད་པ།

trouwen

གཉེན་སྒྲིག་བྱེད་པ།

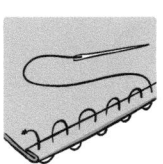

naaien

འཚེམ་པ།

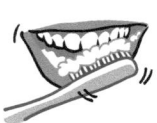

tandenpoetsen

སོ་འཁྲུད།

doden

གསོད་པ།

roken

འདུ་བ་འཐེན་པ།

sturen

གཏོང་བ།

grootmoeder
རྨོ་མོ།

baby
ཕྲུག་གུ

grootvader
ཕོ་པོ།

moeder
ཨ་མ།

dochter
བུ་མོ།

vader
ཨ་པ།

zoon
བུ་ཕྲུག

gast
མགྲོན་པོ།

tante
ཨ་ནེ།

oom
ཨ་ཁུ

broer
ཕུ་བོ།

zus
ཨ་ཅེ།

lichaam

ལུས་ཕུངས།

voorhoofd
ཐོད་པ།
oog
མིག
schouder
ཕྲག་པ།
vinger
མཛུབ་མོ།
gezicht
ངོ་གདོང་།
kin
མ་ཊེ།
hand
ལག་པ།
been
རྐང་པ།
borst
ནུ་མ།
arm
ལག་ངར།

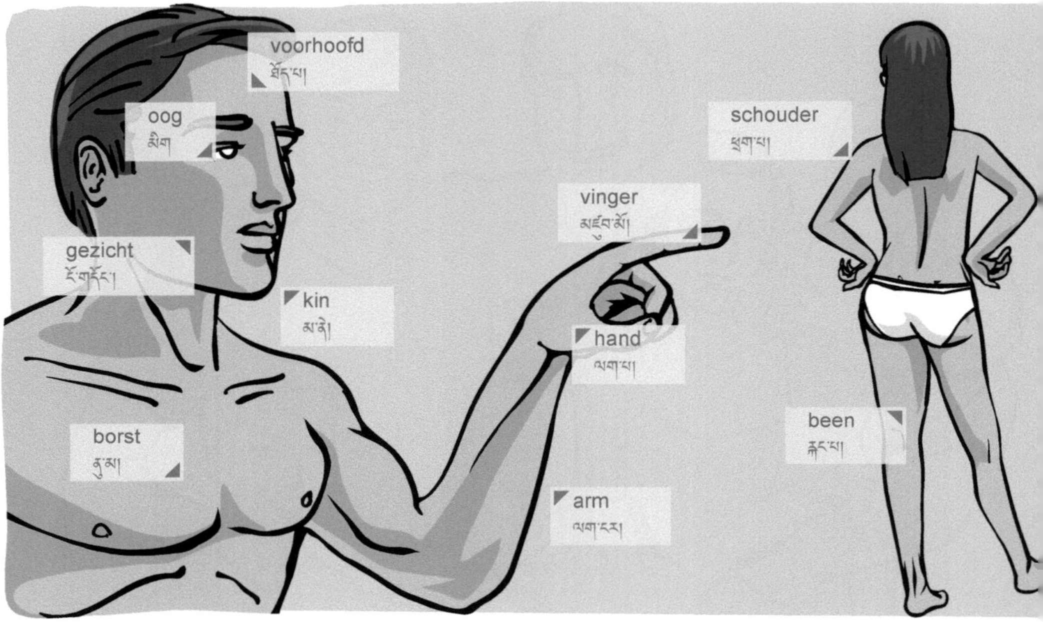

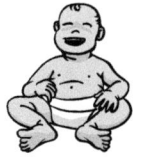

baby

བྱིས་པ།

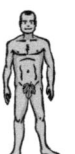

man

སྐྱེས་པ

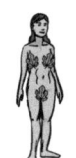

vrouw

བུད་མེད།

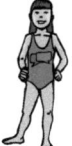

meisje

བུ་མོ།

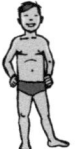

jongen

བུ།

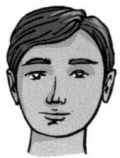

hoofd

མགོ།

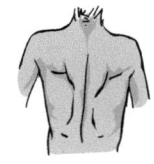

rug

སྐུལ་པ།

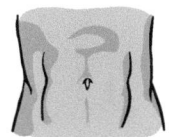

buik

ཕོག་པ།

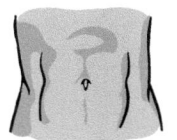

navel

ལྟེ་བ།

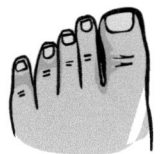

teen

རྐང་མཛུག

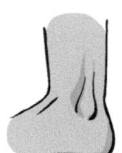

hiel

རྟིང་ཀ།

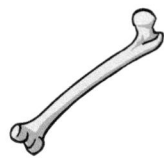

bot

རུས་པ།

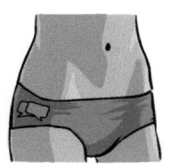

heup

དཔྱི་མགོ།

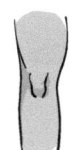

knie

པུས་མོ།

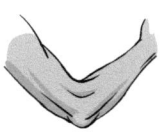

elleboog

གྲུ་མོ།

neus

སྣ།

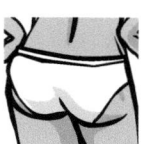

zitvlak

རྐུབ།

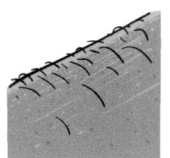

huid

པགས་པ།

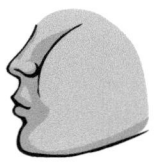

wang

འགྲམ་གདོང་།

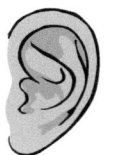

oor

རྣ་མཆོག

lip

མཆུ།

mond

ཁ་

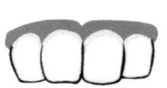

tand

སོ།

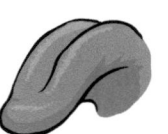

tong

ལྕེ།

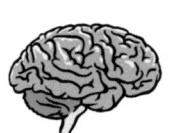

hersenen

ཀླད་པ།

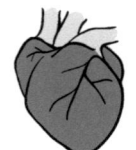

hart

སྙིང་།

spier

ཤ་གནད།

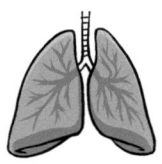

long

གློ་བ།

lever

མཆིན་པ།

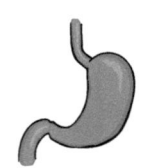

maag

གྲོད་པ།

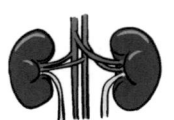

nieren

མཁལ་མ།

seks

འཁྲིག་སྤྱོད།

condoom

སྒུང་ཤུབས།

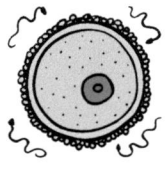

eicel

ཁམས་དམར།

sperma

ཁམས་དཀར།

zwangerschap

སྦྲུམ་མའི་གནས་སྐབས།

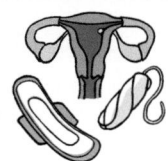

menstruatie

་ཀྱ་ཙ་ཚའ།

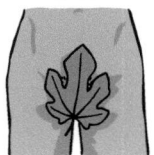

vagina

སྣེ་སྒོ།

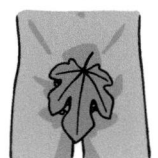

penis

པོ་མ་ཙ་ཚ།

wenkbrauw

སྤྱིན་མ།

haar

སྐྲ།

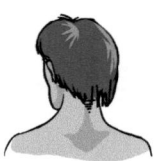

nek

སྐེ།

ziekenhuis

སྨན་ཁང་།

ziekenhuis
སྨན་ཁང་།
ambulance
ནད་པ་འདྲེན་འཁོར།
rolstoel
འཁོར་ལོ་རྐུབ་ཀྱག
breuk
ཆག

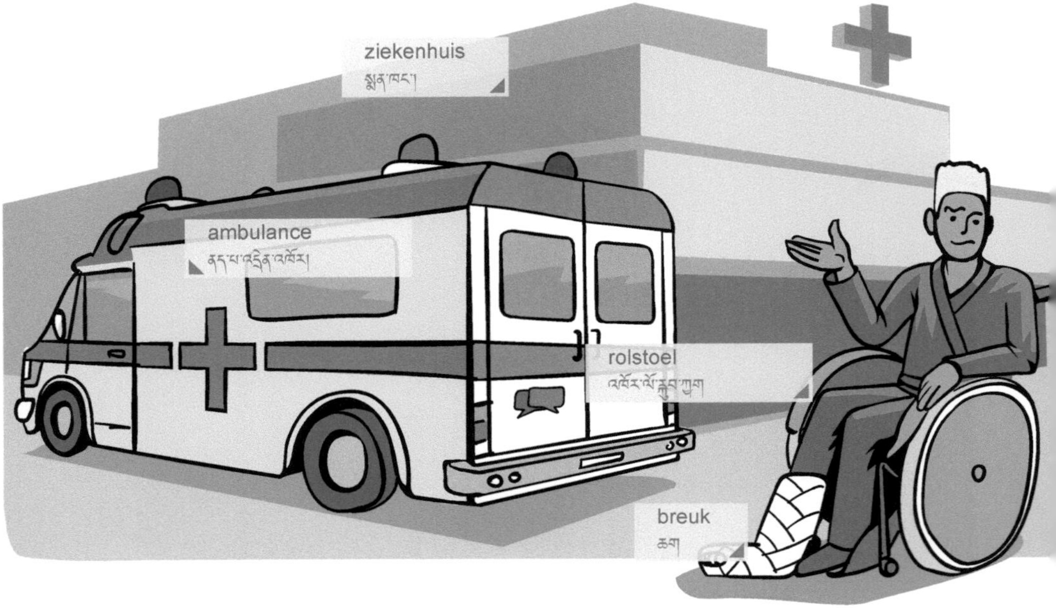

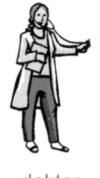

dokter

སྨན་པ།

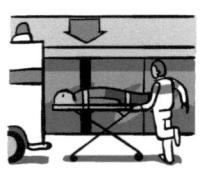

spoed

མྱུར་སྐྱོབ་ཁང་།

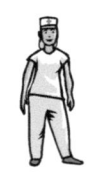

verpleegkundige

ནད་གཡོག

noodgeval

མྱུར་སྐྱོབ།

bewusteloos

དྲན་པ་འཐོར།

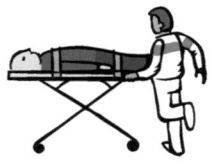

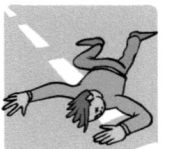

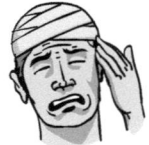

pijn

ཟུག་རྡུ།

verwonding

སྐྱོན།

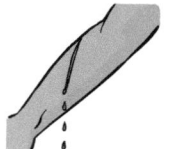

bloeding

ཁྲག་བཞུར་བ།

hartaanval

སྙིང་ཁྲག་དཀགས་པ།

beroerte

གཟའ་ཡོག

allergie

ཆམས་ཆི།

hoest

གློ་རྒྱག་པ།

koorts

ཚ་བ་རྒྱས་པ།

griep

ཆམས་རིམས།

diarree

བཤལ་ནད།

hoofdpijn

མགོ་ན།

kanker

སྐྲན་ནད།

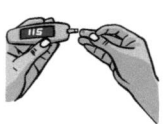

diabetes

གཅིན་སྙི།

chirurg

གཤགས་གཏོང་སྨན་པ།

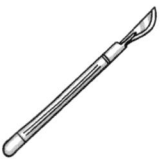

scalpel

གཤགས་བཅོས་གྲི།

operatie

བཀོ་ལ་སྟོང་།

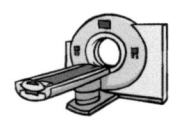

CT

CT ཞིབ་བཤེར།

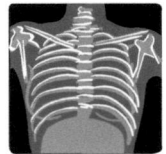

röntgenstraal

གློག་དཔར།

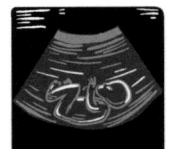

ultrageluid

བརྒྱལ་སྐུའི་གློག་པར།

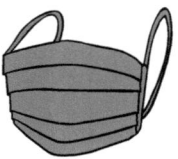

gezichtsmasker

རོ་ཞེབས།

ziekte

ནད།

wachtkamer

སྒུག་ཁང་།

kruk

ན་པོའི་འཁར་ཤིང་།

pleister

ཐལ་རྫས།

verband

ཊྲ་དཀྱིས།

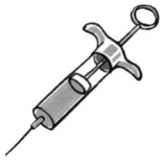

injectie

ཁབ།

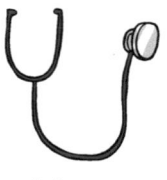

stethoscoop

ནད་ཞིབ་ཉན་སྐུ་འཕྲུལ་ཆས།

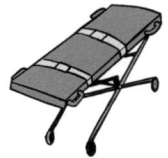

brancard

འགྲོག་འཕྱང་།

thermometer

ཚ་དྲག་རྩིས་ཆས།

geboorte

སྐྱེ་བ།

overgewicht

ལྕི་བཀྲལ།

hoorapparaat
ཅན་ཐབ་ཡོ་བྱད།

ontsmettingsmiddel
དུག་སེལ་སྨན་རྫས།

infectie
འགོ་བ།

virus
དུག་ཕྲིན།

HIV / AIDS
ཨེ་ཙི་ནད་དུག

medicijn
སྨན།

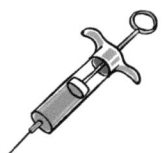

vaccinatie
སྔོན་འགོག་སྨན་ཁབ།

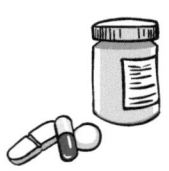

tabletten
སྨན་རིལ།

pil
སྐྱི་འགོག་སྨན།

noodoproep
སྐྱུར་སྐྱོབ་འབོད་པ།

bloeddrukmeter
ཁྲག་གནོན་ཚིས་ཆས།

ziek / gezond
ནད་པ་བདེ་པོ་ཐང་པོ།

Help!	alarm	overval
སྐྱོག་སྐྱོབ་ཡ།	ཉེན་བརྡ།	རྐུ་འཛིངས།

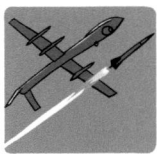

aanval	gevaar	nooduitgang
བཙན་རྐོལ།	ཉེན་ཁ།	ཐེབ་སྒུར་ཕོན་སྒོ།

Brand!	brandblusser	ongeval
མེ།	མེ་གསོད་པོ་བྱེད།	འཕྲལ་ཉེན།

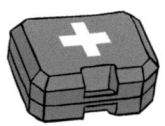

EHBO-kit	SOS	politie
སྨན་སྐྱོབ་སྐྱེལ།	ཚ་སྐྱོག་སྐྱོབས།	ཉེན་རྟོག་པ།

Europa

ཡོ་རོབ།

Noord-Amerika

ཨ་མེ་རི་ཀའི་བྱང་མ།

Zuid-Amerika

a མེ་རི་ཀའི་ལྷོ་མ།

Afrika

ཨ་སྟེ་རི་ཀ།

Azië

ཨེ་ཤེ་ཡ།

Australië

ཨོ་སི་ཀྲོ་ལ་ཡི་ཡ།

Atlantische Oceaan

ནུབ་ཆེན་རྒྱ་མཚོའི།

Stille Oceaan

ཞི་བདེའི།

Indische Oceaan

རྒྱ་གར་རྒྱ་མཚོ།

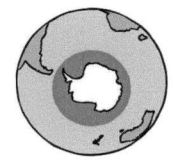

Antarctische Oceaan

ལྷོ་སྲིད་ཀྱི་རྒྱ་མཚོ།

Arctische Oceaan

བྱང་སྲིད་བྱང་མའི་རྒྱ་མཚོ།

Noordpool

བྱང་རྩེ།

Zuidpool

ཚོ་སྨི།

Antarctica

ཚོ་སྨི་གྲིང་།

aarde

ས་གོ་ལ།

land

ས།

zee

རྒྱ་མཚོ།

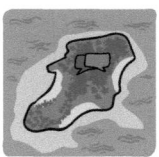

eiland

གྲིང་ཁ།

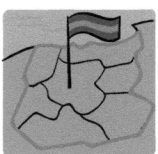

natie

རྒྱལ་ཁབ།

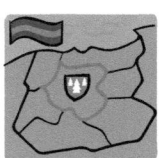

staat

རྒྱལ་ཁབ།

wijzerplaat

ཆུ་ཚོད།

uurwijzer

ཆུ་ཚོད་ཀྱི་མདའ།

minuutwijzer

སྐར་མདའ།

secondewijzer

སྐར་མདའ།

Hoe laat is het?

དུས་ཚོད་ག་ཚོད་རེད།

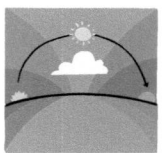

dag

ཉིན།

tijd

དུས་ཚོད།

nu

ད་ལྟ།

digitale horloge

མཛུབ་འབྲི་བས་ཅན་གྱི་ཆུ་ཚོད

minuut

སྐར་མ།

uur

དུས་ཚོད།

week

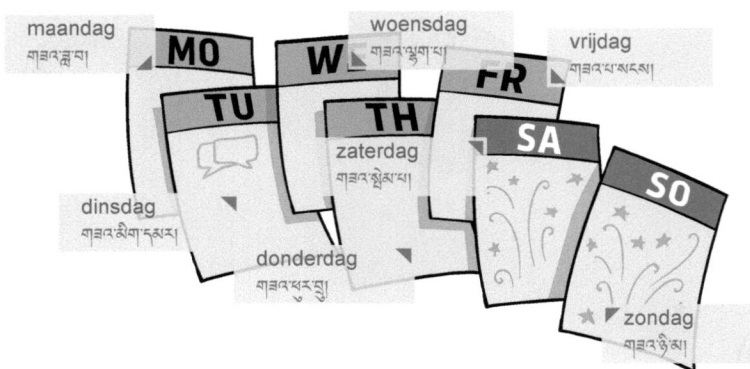

maandag
གཟའ་ཟླ་བ།

woensdag
གཟའ་ལྷག་པ།

vrijdag
གཟའ་པ་སངས།

TU

TH

zaterdag
གཟའ་སྤེན་པ།

SA

SO

dinsdag
གཟའ་མིག་དམར།

donderdag
གཟའ་ཕུར་བུ།

zondag
གཟའ་ཉི་མ།

gisteren

ཁ་སང་།

vandaag

དེ་རིང་།

morgen

སང་ཉིན།

ochtend

ཞོགས་པ།

middag

ཉིན་དགུང་།

avond

དགོང་དྲོ།

MO	TU	WE	TH	FR	SA	SU
1	2	3	4	5	6	7
8	9	10	11	12	13	14
15	16	17	18	19	20	21
22	23	24	25	26	27	28
29	30	31	1	2	3	4

werkdagen

ལས་གཡོག་ཉིན་མོ།

MO	TU	WE	TH	FR	SA	SU
1	2	3	4	5	6	7
8	9	10	11	12	13	14
15	16	17	18	19	20	21
22	23	24	25	26	27	28
29	30	31	1	2	3	4

weekend

བདུན་ཕྲག་གི་མཇུག་འཚོལ།

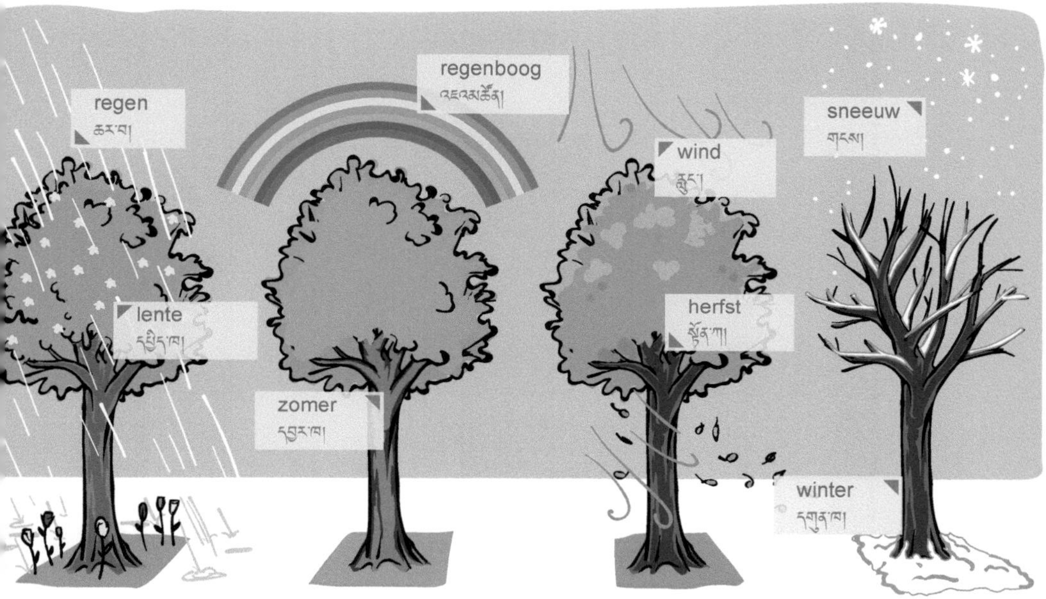

regen
ཆར་བ།

regenboog
འཇའ་མཚོན།

wind
རླུང་།

sneeuw
གངས།

lente
དཔྱིད་ཁ།

herfst
སྟོན་ཁ།

zomer
དབྱར་ཁ།

winter
དགུན་ཁ།

4.APRIL	11°	☀
5.APRIL	4°	☁
6.APRIL	13°	☂
7.APRIL	8°	❄
8.APRIL	10°	☀

weervoorspelling

གནམ་གཤིས་སྔོན་བརྡ།

thermometer

དྲོད་ཚད་ཚུལ་ཆས།

zonneschijn

ཉི་འོད།

wolk

སྤྲིན།

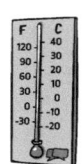

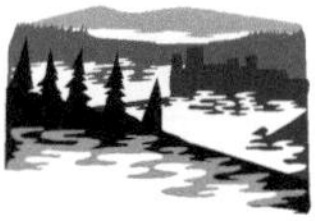

mist

སྨུག་པ།

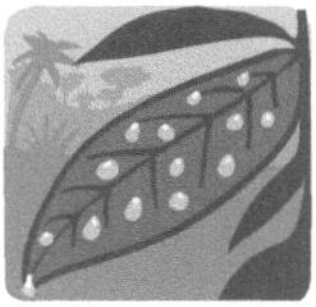

vochtigheid

བརླན་ཚད།

bliksem
སློག

donder
འབྲུག་སྐད།

storm
རླུང་འཚུབ།

hagel
སེར་བ།

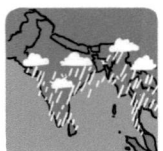

moesson
དུས་ཆར།

overstroming
ཆུ་ལོག

ijs
འཁྱགས་པ་

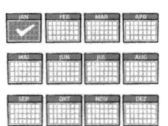

januari
ཕྱི་ཟླ་དང་པོ།

februari
ཕྱི་ཟླ་གཉིས་པ།

maart
ཕྱི་ཟླ་གསུམ་པ།

april
ཕྱི་ཟླ་བཞི་པ།

mei
ཕྱི་ཟླ་ལྔ་པ།

juni
ཕྱི་ཟླ་དྲུག་པ།

juli
ཕྱི་ཟླ་བདུན་པ།

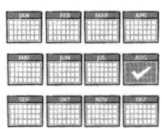

augustus
ཕྱི་ཟླ་བརྒྱད་པ།

september

 སྤྱི་ཟླ་དགུ་པ།

oktober

 སྤྱི་ཟླ་བཅུ་པ།

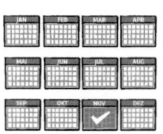

november

སྤྱི་ཟླ་བཅུ་གཅིག་པ།

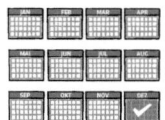

december

སྤྱི་ཟླ་བཅུ་གཉིས་པ།

vormen

དབྱིབས་པ།

cirkel

སྒོར་སྒོར།

kwadraat

གྲུ་བཞི་མ།

rechthoek

གྲུ་བཞི་རིང་མོ།

driehoek

ཟུར་གསུམ་མ།

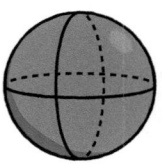

bol

སྒོར་གཟུགས།

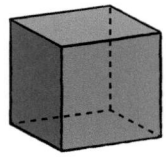

kubus

ཆ་དབྱིབས་གྲུ་བཞི་མ།

wit

དཀར་པོ།

geel

སེར་པོ།

oranje

ལི་དབང་།

roze

ཟིང་སྐྱ།

rood

དམར་པོ།

paars

མུ་མེན་མདོག

blauw

སྔོན་པོ།

groen

ལྗང་ཁུ།

bruin

རྒྱ་སྨུག

grijs

སྐྱ་པོ།

zwart

ནག་པོ།

veel / weinig

མང་པོ་ཉུང་བ།

boos / kalm

ཁྲོ་བོ་ཞི་འཛུམ་ཅན།

mooi / lelijk

མ་རབས་ཁ་ཕ།

begin / einde

སྒོ་བརྩམས་པ་མཇུག་སྐྱོང་།

groot / klein

ཆེ་བ་ཆུང་བ།

licht / donker

འོད་སྣང་སྤྲོག་མུན་ནག

broer / zus

ཕ་རུ་ཨ་ཆེ།

proper / vuil

གཙང་མ་བཙོག་པ།

volledig / onvolledig

ཚ་ཚང་གཊ་ཚང་བ།

dag / nacht

ཉིན་མོ་མཚན་མོ།

dood / levend

གཤིན་པོ་གསོན་པོ།

breed / smal

ཡངས་པོ་ཕྲག་པོ།

eetbaar / oneetbaar

ཟ་རུང་། ཟ་མི་རུང་བ།

kwaadaardig / vriendelijk

ངན་པ། སེམས་བཟང་།

opgewonden / verveeld

དགའ་སྤྲོ་སྐྱེ། གནས་སྟངས་སྐྱོ་སྣེམ་པ།

dik / dun

ཚོན་པོ། རིད་པོ།

eerst / laatst

དང་པོ། མཐའ་མ།

vriend / vijand

གྲོགས་པོ། དགྲ་བོ།

vol / leeg

ཁེངས་པ། སྟོང་པ།

hard / zacht

མཁྲེགས་པོ། འཇམ་པོ།

zwaar / licht

ལྗིད་པོ། ཡང་པོ།

honger / dorst

བཀྲེས་པ། སྐོམ་པ།

ziek / gezond

ནད་པ། བདེ་ཐང་པོ།

illegaal / legaal

ཁྲིམས་འགལ་གྱི། ཁྲིམས་ཀྱི།

intelligent / dom

རིག་པ་ཅན། གླེན་པ།

links / rechts

གཡོན། གཡས།

dichtbij / veraf

ཉེ་པོ། ཐག་རིང་པོ།

nieuw / gebruikt

གསར་པ/རྙིང་སོང༌།

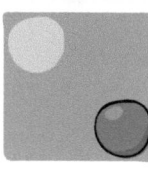

niets / iets

གང་ཡང་མིན་པ/ག་རེ་ཡིན་ན།

oud / jong

ལོ་ན་མཐོ/བ་གཞོན་ནུ།

aan / uit

སྤྱོད/ལས།

open / dicht

ཁ་འབྱེད་ནས་ཡོད་པ/ཁ་བཏང་ནས་ཡོད་པའི།

stil / luid

ཁུ་སིམ་པོ/སྐད་ཆེན་པོ།

rijk / arm

ཕྱུག་པོ/སྐྱོ་པོ།

juist / fout

འོས་ཚེ/ནོར་པ།

ruw / glad

རྩུབ་པོ/འཇམ་པོ།

droevig / blij

ཡིད་སྐྱོ/དགའ་པོ།

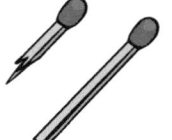

kort / lang

ཐུང་ཏ/རིང་བ།

traag / snel

དལ་བུ/མྱུར་བ།

nat / droog

རློན་པ/སྐམ་པོ།

warm / koud

དྲོན་པོ/གྲང་མོ།

oorlog / vrede

འཐབ་པ།

0

nul

ཀླད་ཀོར།

1

één

གཅིག

2

twee

གཉིས།

3

drie

གསུམ།

4

vier

བཞི།

5

vijf

ལྔ།

6

zes

དྲུག

7

zeven

བདུན།

8

acht

བརྒྱད།

9

negen

དགུ

10

tien

བཅུ།

11

elf

བཅུ་གཅིག

12
twaalf
བཅུ་གཉིས།

13
dertien
བཅུ་གསུམ།

14
veertien
བཅུ་བཞི།

15
vijftien
བཅོ་ལྔ།

16
zestien
བཅུ་དྲུག

17
zeventien
བཅུ་བདུན།

18
achtien
བཅོ་བརྒྱད།

19
negentien
བཅུ་དགུ

20
twintig
ཉི་ཤུ།

100
honderd
བརྒྱ།

1.000
duizend
སྟོང་།

1.000.000
miljoen
ས་ཡ།

Engels

དབྱིན་སྐད།

Amerikaans Engels

ཨ་རིའི་དབྱིན་སྐད།

Chinees (Mandarijn)

རྒྱ་སྐད།

Hindi

ཧིན་དི།

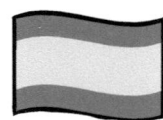

Spaans

སི་པེན་གྱི་སྐད་རིགས།

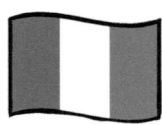

Frans

ཕ་རན་སིའི་སྐད་རིགས།

Arabisch

ཨ་རབ་ཀྱི་སྐད་རིགས།

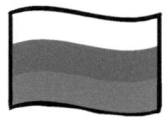

Russisch

ཨུ་རུ་སུའི་སྐད་རིགས།

Portugees

ཕོར་ཐུག་གལ་གྱི་སྐད་རིགས།

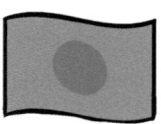

Bengali

སྦྲུང་གལ་ལ་སྐད་རིགས།

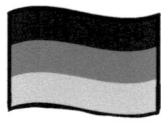

Duits

འཇར་མན་སྐད་རིགས།

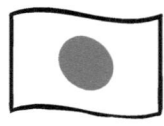

Japans

ཇ་པན་སྐད་རིགས།

ik

ང་།

u

ཁྱེད་རང་།

hij / zij / het

ཁོ་མོ་འདི།

wij

ང་ཚོ།

u

ཁྱེད་ཚོ།

ze

ཁོ་ཚོ།

wie?

སུ།

wat?

ག་རེ།

hoe?

ག་འདྲ།

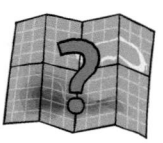

waar?

ག་པ།

wanneer?

ག་དུས།

naam

མིང་།

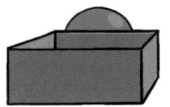

achter

རྒྱབ་ན།

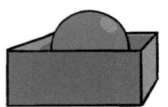

in

ནང་ན།

voor

མདུན་ན།

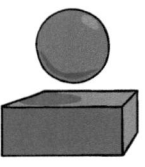

boven

སྟེང་ན།

op

སྟེང་ན།

onder

འོག་ན།

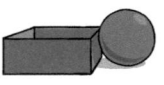

naast

འགྲམ་དུ།

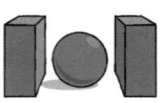

tussen

བར་དུ།

plaats

ས་གནས།